浙江省高质量发展智库论坛成果

2021 浙江省县域高质量发展报告

周华富 主编

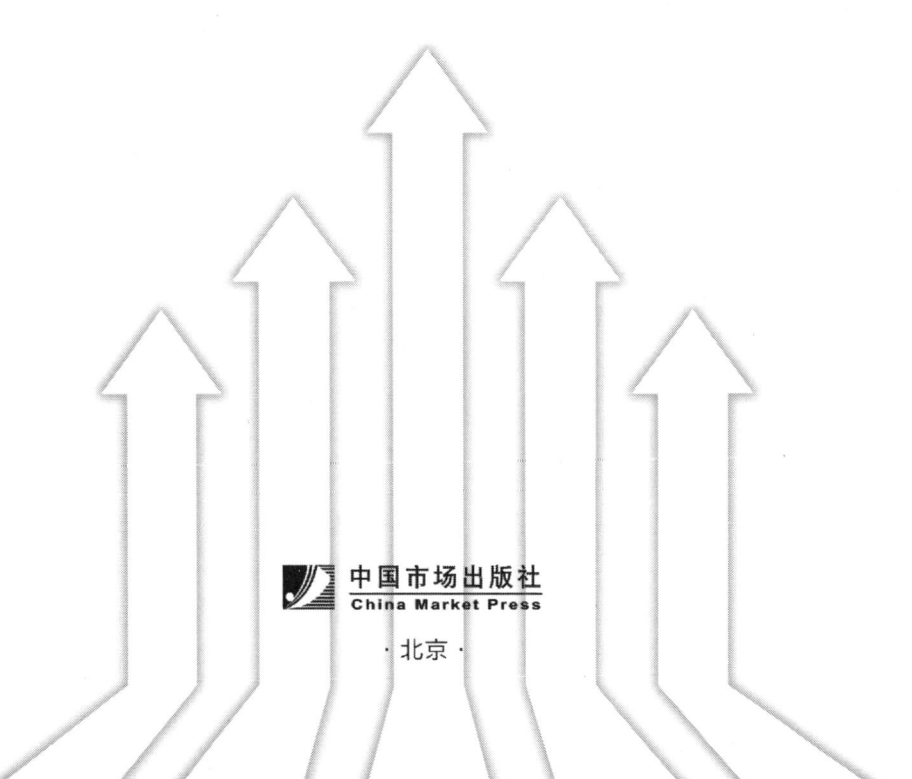

中国市场出版社
China Market Press

·北京·

图书在版编目（CIP）数据

2021浙江省县域高质量发展报告 / 周华富主编. --北京：中国市场出版社有限公司，2021.12
 ISBN 978-7-5092-2156-3

Ⅰ.①2… Ⅱ.①周… Ⅲ.①县级经济－区域经济发展－研究报告－浙江－2021 Ⅳ.①F127.55

中国版本图书馆CIP数据核字（2021）第220302号

2021浙江省县域高质量发展报告

2021 ZHEJIANG SHENG XIANYU GAO ZHILIANG FAZHAN BAOGAO

主　　编：	周华富
责任编辑：	张再青　钱　伟（632096378@qq.com）
出版发行：	中国市场出版社
社　　址：	北京市西城区月坛北小街2号院3号楼（100837）
电　　话：	（010）68024335/68034118/68022950/68020336
经　　销：	新华书店
印　　刷：	河北鑫兆源印刷有限公司
规　　格：	170mm×240mm　　16开本
印　　张：	15　　　　　　　　字　　数：235千字
版　　次：	2021年12月第1版　　印　　次：2021年12月第1次印刷
书　　号：	ISBN 978-7-5092-2156-3
定　　价：	58.00元

版权所有　侵权必究　　　印装差错　负责调换

序　言

2021年是"十四五"开局之年,也是浙江高水平全面建成小康社会,乘势而上开启争创社会主义现代化先行省的第一年。2021年5月20日,中共中央、国务院印发了《关于支持浙江高质量发展建设共同富裕示范区的意见》,习近平总书记亲自谋划、亲自定题、亲自部署、亲自推动,赋予浙江推动共同富裕示范探路的光荣使命。春季,浙江在全国率先部署开展数字化改革,作为全省全面深化改革的总抓手,作为现代化先行和共同富裕的"船"和"桥",以此撬动各领域各方面改革,加快推进省域治理体系和治理能力现代化。全省90个县(市、区)勇担使命,蹄疾步稳,奋战高质量发展共同富裕示范区建设主战场,耕耘数字化改革"试验田",迈进共同富裕美好社会的壮美画卷徐徐铺展。

浙江省发展规划研究院作为浙江省委、省政府确定的5家高端智库建设试点单位之一,是全省高质量发展重要的"思想库"、"智囊团"和"工程院",正在努力打造"全国一流、全球视野"省级高端智库。自2019年起,浙江省委宣传部、浙江省社会科学联合会、浙江日报报业集团联合该院举办浙江省高质量发展智库论坛。作为论坛的重要成果,我们构建了浙江省县域高质量发展指标体系,面向全省征集高质量发展优秀案例,连续三届在论坛上成功发布。2021年浙江县域高质量发展水平评价,我们立足"数字化改革"新要求,对总指数以及综合质量效益、创新发展、协调发展、绿色发展、开放发展、共享发展六大指数展开分析,并首次开发浙江省县域高质量发展地图,以数字化场景全面展现全省县域高质量发展整体和分类水平,从创新、协调、绿色、开放、共享五大领域开展专题分析。2021年浙江省县域高质量发展案例征集，重点聚焦县域积极推进数字化改革的生动实践和典型案例。

当前，浙江上下正在深入学习贯彻党的十九届六中全会精神，主动塑造变革性实践、突破性进展、标志性成果，全力放大新时代新征程浙江干在实处、走在前列、勇立潮头的新优势，努力在新的赶考之路上为全国大局作出新的更大贡献。我们将自觉扛起省级高端智库使命，持续加强和改进浙江县域高质量发展水平评价工作。我们相信并热切地期待着，全省各县（市、区）以奋进姿态百舸争流，以数字化改革引领全方位系统性变革，进一步激发活力创新力竞争力，推动实现新的更大发展，努力为浙江率先探索建设共同富裕美好社会提供强大支撑，为全国高质量发展打造"县域样板"。

浙江省发展和改革委员会党组成员
浙江省发展规划研究院党组书记、院长

2021年11月

目 录

● 研究篇

第一章　浙江县域高质量发展新特征 / 002

第一节　县域高质量发展进入新阶段 / 002

第二节　县域高质量发展承载新使命 / 006

第三节　县域数字化改革呈现新面貌 / 012

第二章　浙江县域高质量发展水平分析 / 024

第一节　浙江县域高质量发展指标体系 / 024

第二节　浙江县域高质量发展指数分析 / 032

第三章　数字赋能县域高质量发展成就启示 / 047

第一节　数字赋能县域高质量发展亮点成就 / 047

第二节　数字赋能县域高质量发展重要启示 / 050

● 专题篇

第四章　数字赋能浙江县域产业创新发展探索与展望 / 054

第一节　数字化改革推动县域产业创新发展的形势要求 / 054

第二节　数字赋能县域产业创新发展的"四方面"实践探索 / 059

第三节　数字化改革引领县域产业创新发展的未来展望 / 068

第五章　数字赋能浙江县域协调发展探索与展望 / 074

第一节　数字化改革推动县域协调发展的趋势背景 / 074

第二节　数字赋能城乡区域协调发展实践探索 / 078

第三节　数字化改革推动县域协调发展的有效路径 / 081

第六章　数字赋能浙江县域绿色发展探索与展望 / 084

第一节　数字化改革推动绿色发展的形势要求 / 084

第二节　数字赋能县域绿色发展的实践探索 / 088

第三节　数字化改革推动绿色发展的未来展望 / 097

第七章　数字赋能浙江县域开放发展探索与展望 / 099

第一节　数字化改革推动县域开放发展的形势要求 / 099

第二节　数字赋能县域开放发展的四大探索 / 103

第三节　数字化改革形势下展望县域开放发展的美好图景 / 110

第八章　数字赋能浙江县域共享发展实践与展望 / 112

第一节　数字化改革推动共享发展的形势要求 / 112

第二节　数字赋能推动共享发展的实践经验 / 115

第三节　数字化改革推动共享发展的未来展望 / 125

案例篇

第九章 数字引领创新发展类 / 128

第一节 海宁市：以文明"潮指数"推动文明城市长效管理 / 128

第二节 义乌市："互联网+不动产登记"领跑全国 / 131

第三节 桐庐县：交通执法预警管控平台提升效率 / 135

第四节 椒江区："数智云健"联勤工作站感知体系场景应用效果显著 / 138

第五节 临海市：推行"企业注销一件事"迭代升级便利化全覆盖 / 141

第十章 数字带动协调发展类 / 145

第一节 德清县：以数字孪生提升乡村"一网通管"水平 / 145

第二节 舟山市：渔业安全精密智控平台推广应用 / 149

第三节 天台县：打造"云瞭望"智慧管理平台，助推网络生态治理 / 155

第四节 南湖区："企明星"政策治理集成应用成效初显 / 159

第十一章 数字服务绿色发展类 / 163

第一节 上虞区："一码管地"综合应用形成机制 / 163

第二节 开化县：县域空间治理数字化平台成功上线 / 167

第三节 嘉善县：数字化助力"餐饮油污监管一件事" / 172

第四节 仙居县："亲农在线"应用稳步推进 / 175

第十二章 数字赋能开放发展类 / 179

第一节 鄞州区：以"最多报一次"优化数字政务"鄞州解法" / 179

第二节　路桥区："数融通"赋能初创期科技企业 / 185

第三节　北仑区：自贸区背景下数字赋能"两业融合"发展 / 188

第四节　金东区：大宗商品数字服务系统助力企业降本增效 / 194

第五节　桐乡市：数字化应用场景赋能营商环境改善 / 196

第十三章　数字助力共享发展类 / 200

第一节　玉环市：破解消防整治三大难题，精准预警保障消防安全 / 200

第二节　秀洲区：构建养医护智慧康养服务体系 / 204

第三节　慈溪市："数字＋片区组团"助推乡村实现共享发展 / 208

第四节　富阳区："10分钟救援"空巢老人安全守护平台大显身手 / 215

第五节　温岭市："出生一件事"跨省通办 / 218

第六节　瑞安市：用阳光培训智慧云管理校外培训 / 221

附录　浙江省县域高质量发展地图V1.0数字应用场景 / 224

后记 / 232

研究篇

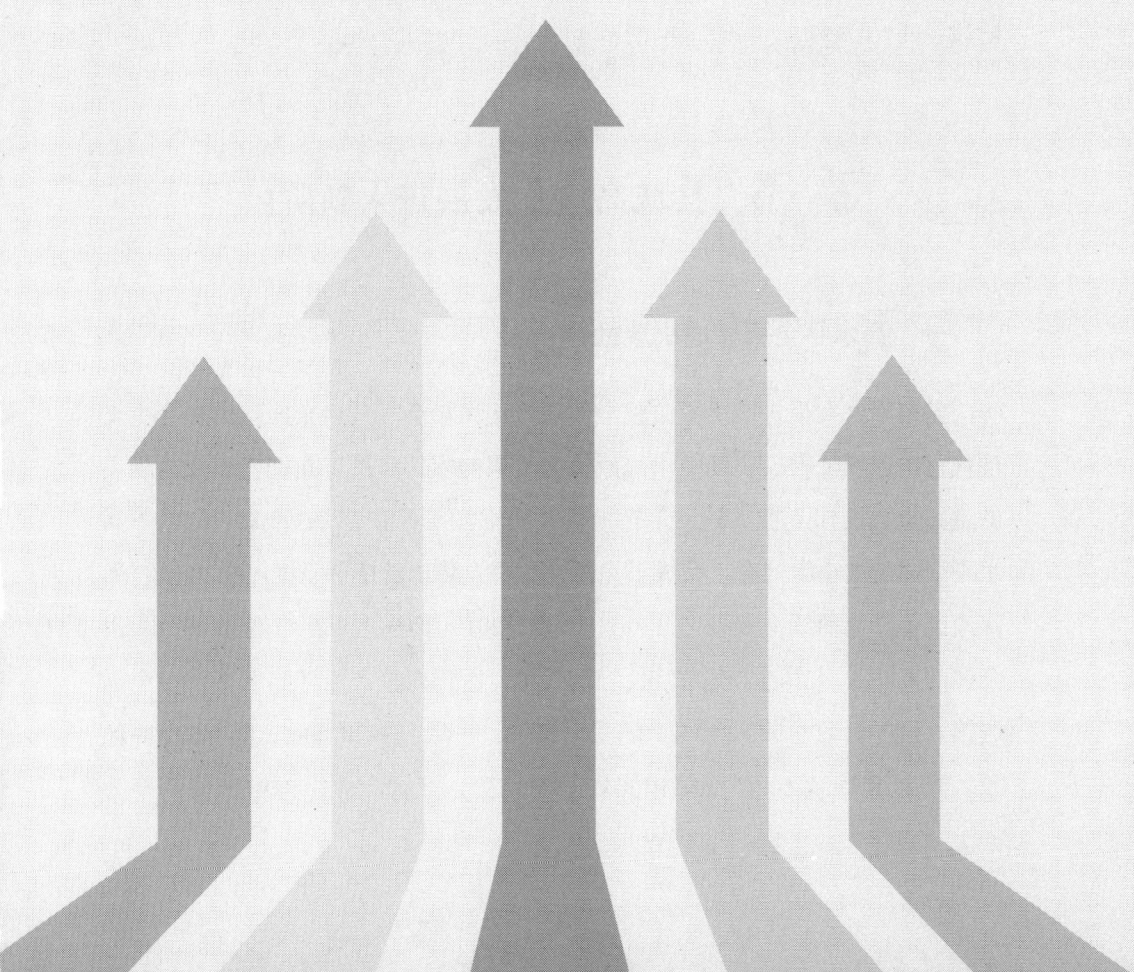

第一章
浙江县域高质量发展新特征

县域经济是浙江高质量发展的基石。县域稳则大局稳,县域活则全盘活,县域强则全省强。近年来,浙江大力推进县域高质量发展,取得了一系列显著成效,形成了产业兴旺、生态宜居、治理有效、文明共享的县域高质量发展新局面。2020年是极不平凡的一年,也是具有里程碑意义的一年。面对突如其来的新冠肺炎疫情和复杂多变的国内外经济形势,浙江全面贯彻新发展理念,忠实践行"八八战略",奋力打造"重要窗口",实现高水平全面建成小康社会,开启现代化建设新征程,推动县域高质量发展进入新的历史阶段。

第一节 县域高质量发展进入新阶段

一、高水平全面建成小康社会

党的十九大报告描绘了决胜全面建成小康社会、开启全面建设社会主义现代化国家新征程、实现中华民族伟大复兴的宏伟蓝图。在把蓝图变为现实的道路上,浙江干在实处、走在前列、勇立潮头,在"八八战略"指引下高水平全面建成小康社会,完成了党对人民群众作出的庄严承诺。2020年,浙江地区生产总值跃上6万亿元台阶,超过2019年居世界第17位的荷兰,占全国的6.4%。人均生产总值超过10万元,达到高收入经济体水平,在全国居第6位。财政总收入12421亿元,其中,一般公共预算收入达到7248亿元,列全国第3位。产业结构实现华丽蜕变,三次产业结构增加值调整为

3.3∶40.9∶55.8，形成工业和服务业共同推动产业发展的格局。县域经济对全省经济的贡献度持续提升。城乡区域之间发展协同性、整体性不断提升，全面实现陆域"县县通高速"目标。"美丽浙江"建设有了新面貌，县域的山更绿、地更净、水更清、天更蓝，绿水青山成为浙江县域发展的亮丽名片。城乡居民收入稳居全国前列，县域公共服务水平显著提升，人民群众的精神文化生活更加富足，全省群众安全感满意率达到97%以上。以县域为主阵地，高水平全面小康的浙江画卷精彩呈现。

二、开启现代化建设新征程

党的十九届五中全会提出，要乘势而上开启全面建设社会主义现代化国家新征程、向第二个百年奋斗目标进军。浙江省委十四届八次全会也确立了争创社会主义现代化先行省的目标定位，并提出更加突出以人为核心的现代化，努力实现数字赋能、产业体系、科技创新、农业农村、对外开放、省域治理、文化建设、生态文明、公共服务、人的现代化等十个方面的现代化先行。县域作为经济社会发展的基本空间单元，其现代化的进度和质量决定了浙江乃至全国的整体现代化进程。推进县域现代化，要把握数字化改革机遇，加快新旧动能转换，畅通线上通道集聚优质要素资源，再造县域高质量发展"金名片"。要以城乡融合为切入点，统筹县域产业、基础设施、公共服务、城镇开发、村落分布等空间布局，突破产业边界，实现高水平协同发展。要按照"碳中和""碳达峰"的新要求、新部署，改善县域人居环境，留住绿水青山，让绿水青山真正转变为金山银山，不断激发县域发展活力和潜力，在现代化建设新征程上展现县域高质量发展新作为。

三、长三角率先形成新发展格局

党的十九届五中全会提出要加快构建以国内大循环为主体、国内国际双循环相互促进的新发展格局。构建新发展格局，是与时俱进提升我国经济发展水平的战略抉择，也是塑造我国国际经济合作和竞争新优势的战略抉择。面对国际国内形势的变化与挑战，长三角地区深刻认识到自身在国家经济社会发展中的地位和作用，紧扣"一体化"和"高质量"两个关键词，以更坚定不移的姿态率先探索形成新发展格局，勇当我国科技和产业创新的开路先锋，加快打造改革开放新高地。随着壁垒、屏障、阻隔不断消失，长三角以日益畅通的小循环，为促进国内大循环、推动国内国际双循环相互促进的新发展局势贡献力量。浙江县域连接着大都市、中心城市和乡村地区，肩负着探索性、创新性、引领性的高质量发展重任，成为构建新发展格局的先行探路者。随着长三角区域一体化的深入推进，浙江县域将在实施长三角区域一体化战略进程中寻找和重构发展新方位，持续提升开放水平，增强发展活力，提升要素配置能力，走出融入新发展格局高质量发展新路径。

四、高质量发展建设共同富裕示范区

高质量发展建设共同富裕示范区，是习近平总书记亲自谋划、亲自定题、亲自部署、亲自推动的重大战略决策。为全面贯彻《中共中央 国务院关于支持浙江高质量发展建设共同富裕示范区的意见》，忠实践行"八八战略"，奋力打造"重要窗口"，浙江省出台了《浙江高质量发展建设共同富裕示范区实施方案（2021—2025年）》，紧紧围绕高质量发展高品质生活先行区、城乡区域协调发展引领区、收入分配制度改革试验区、文明和谐美丽家园展示区"四大战略定位"，率先探索建设共同富裕美好社会，为实现共同富裕提供浙江示范。改革开放以来，浙江以县域为基础，加快推进城乡一体化，实施山海协作、"千万工程"、百亿帮扶致富等重大工程，为浙江推动高质量发展建设共同富裕区提供了实践基础。作为国民经济发展和统筹城乡经济社会发展的基本单元，新型城市化的重点空间，浙江县域是实现共同富裕的关键。进入新发展阶段，为破解城乡区域发展不平衡、收入分配差距和优质公共服务均享化等难题，县域应扮演更重要角色。

五、山区26县跨越式高质量发展

浙江山区26县[1]土地面积约为全省的45%，人口接近全省的24%。在过去相当长一段时间里，26县的经济社会发展程度低于全省平均水平。经过多年发展，这些地区已成为浙江经济发展新的增长点。推进山区26县跨越式高质量发展，是解决发展不平衡不充分问题的关键举措。综合考虑资源禀赋、产业基础、生态功能等因素，将山区26县分为跨越发展类和生态发展类两大类型，分类明确目标导向。围绕实施做大产业扩大税源行动和提升居民收入富民行动，更加注重拓宽"两山"转化通道，激发内生动力，不断提高26县的造血功能。通过分类施策、精准发力，引导县域人口集聚、人才聚力，加快推动山区26县实现跨越式高质量发展，同步推动山区人民走向共同富裕。

---

[1]山区26县即：淳安县、永嘉县、平阳县、苍南县、文成县、泰顺县、武义县、磐安县、柯城区、衢江区、江山市、常山县、开化县、龙游县、三门县、天台县、仙居县、莲都区、龙泉市、青田县、云和县、庆元县、缙云县、遂昌县、松阳县、景宁畲族自治县。

第二节　县域高质量发展承载新使命

一、数字化改革背景下县域高质量发展要适应新要求

1. 认清数字化改革内涵

数字化改革是围绕建设数字浙江目标，统筹运用数字化技术、数字化思维、数字化认知，把数字化、一体化、现代化贯穿到党的领导和经济、政治、文化、社会、生态文明建设全过程各方面，对省域治理的体制机制、组织架构、方式流程、手段工具进行全方位、系统性重塑的过程，从整体上推动省域经济社会发展和治理能力的质量变革、效率变革、动力变革，遵循顶层设计和基层探索双向发力的改革规律，从根本上实现全省域整体智治、高效协同，努力成为"重要窗口"的重大标志性成果。

2. 理解数字化改革特征

从改革特征看，要把握五个关键词。

一是"一体化"。纵向要一体化，省市县乡各层级一体推进、步调一致、高效协同，实现自上而下的顶层设计和自下而上的应用场景创新相结合；横向要一体化，各部门各领域一体推进、步调一致、高效协同，实现相互贯通、系统融合和综合集成；业务之间要一体化，网络、平台、数据、场景要统筹规划、整体设计、一体考虑，追求整体的最大效应。

二是"全方位"。数字化改革具有极强的引领性、整体性和撬动性，是引领发展格局、治理模式和生活方式变革的关键变量，是党的领导、政府治理、经济发展、社会建设和法治建设的整体性变革，具有"一子落而满盘活、牵一发而动全身"的放大效应。通过数字化改革补短板、扬优势，把各方面的优势和潜力激发出来，进一步打牢高质量之基、激活竞争力之源、走好现代化发展之路。

三是"制度重塑"。数字化改革是一场重塑性的制度革命，是从技术理

性走向制度理性的跨越。要重塑党政机关运行机制,从根本上解决内外融合、上下贯通等难题,实现党政机关内部高效协同;重塑党政机关与社会、企业的制度链接,从根本上解决内外信息不对称、政策回应慢等难题,实现党政机关与社会高效协同;重塑企业与企业、企业与社会等多元社会主体的沟通机制,从根本上解决社会交易成本偏高等难题,促进全社会各类主体高效协同,实现各领域全方位的流程再造、规则重构、功能塑造、生态构建。

四是"数字赋能"。强化数字赋能,推进全方位实时监测、智能预警,推进全流程在线管理、督促落实,推动党建统领、整体智治。数字化改革要在确保数据安全的前提下,最大限度地开放数据资产,促进数据关联应用,激发数据生产要素对经济社会的放大、叠加、倍增作用,既为改革自身赋能,也为社会赋能,提升治理能力,做到准确识变、科学应变、主动求变,实现决策时运筹帷幄、落实时如臂使指。

五是"现代化"。数字化改革是现代化的内在要求,也是全面贯彻新发展理念、推进以人为核心的现代化的必由之路。"十个现代化先行"都要在数字化改革中交融聚合、形成裂变效应,在高水平自立自强、高水平对外开放、供需高水平动态平衡、高水平超大规模国内市场建设上加快突破,推动质量变革、效率变革、动力变革,不断促进人的全面发展和社会全面进步。

3. 坚守数字化改革方向

从改革方向看,要把握三个层面。数字化改革的意义不仅仅在具体的场景应用上,更在于推动生产方式、生活方式、治理体系、社会运行机制发生基础性、全局性和根本性的改变,实现整体智治、高效协同。

一是推进省域治理体系和治理能力现代化。将经济社会的运转和治理建立在网络化、信息化、智能化的底座之上,推进深层次系统性制度重塑,谋划和建设一批多跨场景,全面优化营商环境,加快完善高质量发展、高水平均衡、高品质生活、高效能治理的体制机制,推动党的领导职能配置更加科学合理、体制机制更加完备完善、运行管理更加高效,提高省域治理科学化、精准化和协同化水平。

二是激发活力和增添动力。围绕激发经济活力、社会活力、人的全面发展和社会全面进步，推动生产关系适应数字化时代发展规律和特点，充分发挥市场在资源配置中的决定性作用，更好发挥政府作用，破解要素流动不畅、资源配置效率不高等制约高质量发展的瓶颈，为社会、市场、经济增添新动能、创造新价值，在更高层次更高水平上释放生产力、解放生产力、激活生产力。

三是打造全球数字变革高地。以数字化提高全社会治理效能，提高资源要素配置效率，提高数字规则话语权，提高考核评价科学性，实现党政机关内部高效协同，党政机关与社会、企业高效协同，企业与企业、企业与社会高效协同，打破数字壁垒，消除数字鸿沟，形成全社会共享"数字红利"的良好氛围。

4. 把握数字化改革重点

从改革重点看，要聚焦五大方面。

一是聚焦党政机关。以加强党的全面领导为主线，推进党政机关全方位、系统性、重塑性变革，构建综合集成、协同高效、闭环管理的运行机制，更好发挥党委"总揽全局、协调各方"作用，推动党的全面领导在"制度""治理""智慧"三个维度持续提升。

二是聚焦数字政府。围绕"管"和"服"，聚焦百姓、企业、基层的高频事项，立足办事获得感、满意度，找准改革突破口、制度重塑点，以数字化手段推进政府治理全方位、系统性、重塑性变革，构建整体高效的政府运行体系、优质便捷的普惠服务体系、公平公正的执法监管体系、全域智慧的协同治理体系，加快打造"整体智治、唯实惟先"的现代政府。

三是聚焦数字经济。围绕数字产业化和产业数字化，实施数字经济"一号工程"2.0版，推动公共基础数据、生产要素数据、科技创新数据、消费服务数据、贸易流通数据、供应链数据的融合应用。实现资源要素的高效配置和经济社会的高效协同，形成全要素、全产业链、全价值链的全面连接。

四是聚焦数字社会。立足未来社区、数字乡村，有力支撑全生命周期公共服务跨部门协同，实现幼有所育、学有所教、劳有所得、住有所居、文有所化、体有所健、游有所乐、病有所医、老有所养、弱有所扶、行有所畅、事有所便。打破实现共同富裕的瓶颈，创造加快缩小"三大差距"（城乡居民收入差距、地区差距、城镇贫富财产差距）的新动力，构建人的全生命周期公共服务优质共享的新机制。建设场景化、人本化、绿色化、智能化的美好家园。

五是聚焦数字法治。综合集成科学立法、严格执法、公正司法、全民守法等社会主义法治全过程，推动法治建设重要领域体制机制、组织架构、业务流程的系统性重塑，为深化法治浙江建设、打造法治中国示范区发挥重要的引领、撬动和支撑作用。

二、数字化改革背景下高质量发展要谋定新方略

1. 推动要素升级，激发县域高质量发展新动力

随着数字化改革工作纵深推进，新一代信息技术、新型基础设施、公共数据平台、业务应用场景等加快向县域地区延伸拓展，技术、数据等成为促进县域高质量发展的新型生产要素，对县域经济和社会发展的拉动作用日益突出。如在农业生产领域，新一代传感器技术、地理信息技术、人工智能技术等深化应用，可以对土壤、气象等环境及时监控并进行数据采集，通过精准施肥、智能浇灌等，助推农业现代化转型升级。在制造业领域，通过工业互联网、智慧工厂等建设，集约集成供、研、产、销、服务等全流程生产数据，推动产业链上下融合，提升县域经济价值链水平。在服务业领域，通过数字乡村、未来社区、"互联网+医疗健康"、数字教育、数字文旅等应用场景建设，不断创新激活县域服务领域新业态新模式，加快开拓新的服务消费场景，推动县域服务业提质增效、创新升级。

2. 推动服务下沉，促进县域高质量发展新融合

数字化改革提出要纵向一体化，实现省市县乡各层级一体推进、高效协同，从根本上解决内外融合、上下贯通等难题。通过构建跨系统、跨业务、

跨层级、跨地域和跨部门的县域综合服务平台，深入推进"小县大城"战略，实现政务服务"一网通办"、民生治理"一网统管"、公共服务"一证通行"，进一步提升服务便利化水平，推进县域经济向城市经济转型。此外，数字赋能推动县乡村政务服务迈向一体化、协同化，通过建设村级（社区）数字化服务网点、创新乡村钉等掌上办公方式，推动服务下沉，实现以县域为核心，上到省市、下到乡村的智慧协调发展格局。

3. 推动价值释放，塑造县域高质量发展新环境

县域是良好生态环境的承载者和守护者，绿水青山只有插上"数字化"的翅膀，才能将其所蕴含的生态产品价值充分释放，形成县域经济的发展潜力。当前，生态价值转化过程中，仍然存在资产底数不清、所有者不到位、权益不落实等问题，自然资源作为商品的完整属性被削弱，进而影响到资源资本化的进程。通过利用物联网、大数据、人工智能等数字技术，县域土壤、森林、空气、水等环境要素将以数字化形态进行采集、存储和分析，从而实现生态产品的量化表达、核算审计和动态评估，推动生态资源以价值形式、产品形态参与市场配置，实现生态价值的合理转化，最终成为县域经济发展的重要增长点。可以说，只有数字化的绿水青山，才能成为更高质量的"金山银山"。

4. 推动模式创新，拓展县域高质量发展新空间

数字化改革深入推进，将构筑起县域实时信息连接、数据处理及跨域协同能力，在一定程度上弱化县域在物理空间的区位重要性。如县域农产品走上电商平台，一部手机就可联通电商与城市消费者；传统非遗文化走进直播间，一个屏幕就联通了县域的技艺传承人和全球的热爱探索者。通过远程办公、云上展会、VR体验等众多数字化智能化的模式创新，更助力县域发展突破物理空间，与世界相连，形成线上线下融合发展的新空间。

5. 推动治理优化，绘就县域高质量发展新图景

数字技术让县域的产业盘点、趋势预判等具备了更加扎实的现实基础，通过关键数据、重大项目、重大政策的融合打通，使县域经济治理迈向科

学化、智能化。此外,政务云等新型互联网组织体系的建立,将县域相关组织、主体与居民以组织架构的形式从线下搬到线上,构建形成了县域网格化管理体系,打通基层治理的"微循环",推动县域社会治理精准高效、智慧便捷,描绘出县域高质量发展、实现共同富裕的美好画卷。

第三节　县域数字化改革呈现新面貌

一、县域数字政府效能提高

1. 数据资源开放共享

当前，数据已成为服务民生、服务经济发展、创新社会治理模式的核心要素。浙江在政府数字化转型上具有先发优势，数据开放水平处于全国前列，早在2015年浙江政务服务网就推出了"数据开放"板块。近年来，浙江全面部署、层层推进，建立省市两级公共数据平台，并积极鼓励县（市、区）依托省、设区市的公共数据平台开展数字化系统提供建设运营。运用数据高铁、数据管道、数据交换等多种技术，形成一体化的公共数据归集交换。截至目前，73个县（市、区）均已接入浙江·数据开放平台，浙江县域开放数据总量已达到3136条（表1-1）。

表1-1　全省各县市区数据开放数量情况汇总表

设区市	地区	数据开放数量（条）	设区市	地区	数据开放数量（条）	设区市	地区	数据开放数量（条）
杭州市	拱墅区	181	杭州市	上城区	17	宁波市	鄞州区	31
	富阳区	120		淳安县	7		海曙区	29
	滨江区	78		钱塘区	5		北仑区	27
	萧山区	75		原下城区	4		江北区	21
	余杭区	73	宁波市	镇海区	46	温州市	鹿城区	22
	建德市	55		慈溪市	46		瓯海区	37
	桐庐县	48		宁海县	42		龙湾区	29
	临安区	32		象山县	38		洞头区	21
	西湖区	29		余姚市	35		乐清市	22
	原江干区	24		奉化区	34		瑞安市	24

续表

设区市	地区	数据开放数量(条)	设区市	地区	数据开放数量(条)	设区市	地区	数据开放数量(条)
温州市	永嘉县	35	金华市	义乌市	137	台州市	温岭市	36
温州市	平阳县	34	金华市	永康市	116	台州市	路桥区	35
温州市	泰顺县	40	金华市	浦江县	106	台州市	临海市	12
温州市	苍南县	32	金华市	磐安县	11	台州市	玉环市	5
温州市	文成县	38	衢州市	柯城区	92	丽水市	云和县	29
温州市	龙港市	8	衢州市	衢江区	29	丽水市	庆元县	26
绍兴市	越城区	28	衢州市	江山市	122	丽水市	莲都区	14
绍兴市	柯桥区	48	衢州市	龙游县	102	丽水市	缙云县	14
绍兴市	新昌县	51	衢州市	常山县	76	丽水市	龙泉市	4
绍兴市	诸暨市	65	衢州市	开化县	127	丽水市	青田县	4
绍兴市	上虞区	113	台州市	仙居县	66	丽水市	松阳县	3
绍兴市	嵊州市	79	台州市	三门县	51	丽水市	景宁县	3
金华市	婺城区	1	台州市	椒江区	46	丽水市	遂昌县	2
金华市	兰溪市	88	台州市	天台县	43			
金华市	东阳市	122	台州市	黄岩区	41			

数据来源：浙江·数据开放平台。

2. 流程重塑高效运行

业务流程再造是推进政府数字化转型的关键路径。县域政府以数字化思维寻找小切口推进业务协同、流程再造，以数字技术打通部门、系统、地域等界限，深化"掌上办事""掌上办公"，持续完善"浙里办""浙政钉"等一批多业务集成协同应用，进一步推动县域政府职能部门的资源和力量下沉基层一线，重塑了权责清晰、功能集成、运行高效、跨层级跨部门跨平台的基层政府治理体系。2020年，"浙里办"网上可办率达100%，"浙政钉"实现省市县乡村五级全覆盖。

3. 政务服务优质便捷

浙江县域陆续开展了"互联网+政务服务"改革与数字治理探索，推进政务服务"一网通办",推动"一件事"集成改革。建立省市县三级高效协同机制,制定"时间表""路线图",业务部门和技术团队形成合力,实现省市县各级政府办事情形"应细化尽细化"、业务流程"应优化尽优化"、字段材料"应共享尽共享"。2020年底,浙江全省县域政务服务事项100%实现网上可办,80%以上实现"一网通办"。各县(市、区)积极探索"帮办代办",充分利用基层网格员制度,加快推进政务服务"一网通办"改革成效向基层延伸扩面,探索"网格员+帮办""互联网+代办"服务新模式。如江干区组建"一对一"的线上"红色代办"队伍,为特殊群体提供全程"在线帮办",实施12小时在线服务,做到15分钟内线上咨询响应、24小时内疑难问题跟踪,目前已累计服务企业1100余家次。

二、县域数字经济蓬勃发展

1. 县域农业数字化转型领跑全国

数字化是现代农业发展的未来。近年来,全省各县市区加快推进数字"三农"协同应用平台建设,围绕生产管理、流通营销、行业监管、公共服务、乡村治理等五大领域,为浙江打造"重要窗口"增添"三农"风景。《2020年浙江省县域数字农业农村发展水平评价报告》中指出,浙江省县域数字农业农村发展水平达到68.8%,远超全国(36.0%)和东部地区(41.3%)。县域农产品网络零售额达到819亿元,淘宝村和淘宝镇数量多年来稳居全国第一。全省各县域累计创建数字农业工厂163个,数字化改造种养基地1062个。临安、慈溪、德清、平湖等4地被列为国家数字乡村试点县,德清等20个县(市、区)获评"全国县域数字农业农村发展水平评价先进县"。

2. 县域智能制造水平持续提升

推动传统产业数字化、智能化转型是县域高质量发展的必由之路。近年来,浙江省全方位推进产业、企业数字化转型,积极打造县级、区域级"5G+工业互联网"平台,在县(市、区)试点培育"未来工厂",探索不同行业的数字化转型新模式新业态,推进县域企业共享制造、共享创新、共同

研究篇
第一章 浙江县域高质量发展新特征

管理，实现从"制造"到"智造"的高质量跨越升级。截至2020年底，全省数字经济核心产业实现增加值7019.9亿元。《2020浙江省数字经济发展综合评价报告》数据显示（表1-2），县域产业数字化发展水平区域均衡性较好，20个县（市、区）得分高于100分，优于全省平均水平，57%的县（市、区）得分高于80分。全省首批认定的"未来工厂"落户县域的10家，占比83.3%。

表1-2　2020年浙江县域产业数字化评价情况

层次	地区	数量
第一层次 （100分以上）	滨江区、西湖区、余杭区、慈溪市、建德市、开化县、下城区、新昌县、乐清市、江干区、岱山县、柯城区、越城区、普陀区、常山县、龙泉市、吴兴区、衢江区、嵊州市、婺城区	20个
第二层次 （90~100分）	庆元县、温岭市、南湖区、龙游县、柯桥区、拱墅区、泰顺县、海盐县、秀洲区、嘉善县、上城区、安吉县、德清县、义乌市、仙居县	15个
第三层次 （80~90分）	洞头区、缙云县、北仑区、海曙区、诸暨市、萧山区、莲都区、文成县、余姚市、淳安县、鄞州区、宁海市、永嘉县、金东区、瑞安市、椒江区、天台县	17个
第四层次 （70~80分）	上虞区、桐庐县、瓯海区、三门县、镇海区、临安区、江北区、长兴县、青田县、平湖市、富阳区、江山市、遂昌县、松阳县、玉环市、兰溪市、临海市、磐安县、桐乡市、永康市、定海区	21个
第五层次 （60~70分）	海宁市、奉化区、黄岩区、景宁县、鹿城区、龙湾区、平阳县、南浔区、象山区、武义县、云和县、路桥区、浦江县	13个
第六层次 （60分以下）	东阳市、苍南县、嵊泗县	3个

数据来源：《2020浙江省数字经济发展综合评价报告》。

3. 县域数字化"新服务"发展迅速

以数字化为核心的"新服务"成为新热词，并被首次写入2020年浙江省政府工作报告；伴随5G、大数据、人工智能、云计算等技术的大规模推广应用，各县（市、区）积极涌现出线上线下一体融合的服务新模式新业态，共享经济、在线教育、远程医疗、新零售等生活性服务业新业态新模式应运而生。新冠肺炎疫情更加刺激县域服务业"触网"发展，电商直播经济、网红经济广泛涌现，助力县域经济复苏。2020年，全省实现网络零售额22608.1亿元，强县带动作用明显，义乌市、余杭区、萧山区等"前十强"共实现网络零售额11669.2亿元，占全省总额的51.6%。如表1-3所示，浙江省17个县（市、区）荣登"2021全国电商竞争力百强榜单"。

表1-3　浙江省入选2021年全国电商竞争力百强县名单

县（市、区）	所属地区	位次	综合得分	县（市、区）	所属地区	位次	综合得分
义乌市	金华市	1	96.97	乐清市	温州市	20	89.93
海宁市	嘉兴市	2	96.55	瑞安市	温州市	37	83.76
柯桥区	绍兴市	4	96.47	宁海县	宁波市	39	82.59
余杭区	杭州市	5	95.72	临安区	杭州市	40	82.58
萧山区	杭州市	11	93.26	苍南县	温州市	44	81.59
桐乡市	嘉兴市	13	92.90	嘉善县	嘉兴市	48	80.11
遂昌县	丽水市	15	92.12	鄞州区	宁波市	56	79.47
诸暨市	绍兴市	18	90.83	西湖区	杭州市	67	79.35
江干区	杭州市	32	87.05				

数据来源：2021中国县域电商竞争力百强榜。

专栏：全国县域电商竞争力十强县的浙江经验

浙江省县域在2021年全国电商百强县评比中占据17席，十强中有四个县（市、区）来自浙江。其中义乌市、海宁市、柯桥区和余杭区分别位列第1、2、4、5位，展现了浙江省县域高水平的电商发展，为其他县域电商的发展提供了有益借鉴。

义乌市：义乌市作为小商品之都，连续7年位列中国电商百佳县榜首，网络销售额全省第一，并获批国家电子商务示范城市、国家县域电子商务大数据应用统计试点城市、浙江（义乌）跨境电子商务创新发展示范区、浙江省小商品产业集群跨境电子商务发展试点。义乌内贸网商密度位居全国第一，外贸网商密度全国第二，拥有全国最多的淘宝村和园区；在电子商务、跨境电商发展方面远超其他地区,是名副其实的网商特色数字高地。

海宁市:充分利用皮革、经编、家纺传统产业数字化时机,推进"经编云""袜之源""帘到家"等工业互联网云平台建设,将海宁市打造成数字经济工业强市,助力推进农村电商发展,推进产业电商品质制造工程,深入发展跨境电子商务。

柯桥区:尽管受到国内外新冠肺炎疫情影响,柯桥区国内电商和跨境电商依旧实现"双增长",跑出"加速度",主要得益于柯桥积极推进的"电商换市"战略,鼓励传统纺织业加快转型升级,跨境企业拓展线上渠道,建设海外仓库。2020年柯桥累计培育发展以阿里巴巴国际站为核心的B2B跨境电商企业1000余家,形成一支以纺织面料、窗帘窗纱、家纺服饰为主的跨境电商队伍。

余杭区:余杭区早在"十三五"伊始就着力打造世界级数字产业集群,着重培育战略性新兴产业,在数字新兴产业方面,汇聚了大量数字人才和高端企业。电子商务则是最近余杭区发展的一颗明珠,通过三城三镇的大布局,将跨境电商融入未来科技城产业园、良渚文化城、临平创业城等核心区和特色小镇,支持"直播电商",打造网红城市,逐渐将跨境电商、直播经济打造成余杭区全新的经济增长点。

三、县域数字社会智慧便捷

1. 智慧教育蓬勃发展

数字技术打破了县域的时空界限,通过信息共享和数字连接,带来教育领域的重大变革,优质的教育资源以更低成本、更高效率、更广范围优化提升在县域的服务供给能力,通过数字化在线教育模式促进教育资源均衡分布。浙江省以建设"互联网+义务教育"实验区,积极推进优质县域教育资源的共享。鼓励高校在县域开设数字化相关的研究院、研发中心和成果转化中心,促进产教融合,为当地企业培养数字化人才。

2. 智慧医疗水平提升

以数字化手段推动构建省市县多层级资源共享的浙江省互联网医院平台，为入驻的县级医疗机构提供"云诊室""云医院"空间，弥补基层县域医疗服务能力不足。积极提升各县（市、区）医疗服务的信息化水平，目前85%以上的医院已应用"刷脸就医"，实现浙江省县域全覆盖。各县（市、区）也在积极探索"互联网+医疗"应用场景，构建全民健康信息平台，建设县域"健康大脑"。如长兴县构建了全县"慢病地图"；嵊泗县基于一朵云、一平台和四张网构建了数字医共体"海岛应用"；天台县上线全国首个县域"云上医共体"等。

3. 智慧养老创新探索

数字化将带来优质普惠的养老服务。依托浙江省"浙里养"2.0版养老公共服务平台，形成了省市县联动一体的浙江数字养老新体系。重点以养老大数据为依托，通过政府兜底、平台汇总、集中陪护的方式，着力解决县域敬老院分散、入住率低、基础设施差等问题，实现县（市、区）养老服务政策全覆盖。此外，浙江省积极推进智慧健康养老示范基地建设，目前嘉善、平湖、义乌等9个县（市、区）先后入选全国智慧健康养老示范基地，数量位居全国第一（表1-4、图1-1）。

表1-4 浙江省入选中国智慧养老示范基地名单

县（市、区）	所属地区	批次
嘉善县	嘉兴市	第一批
平湖市	嘉兴市	第一批
西湖区	杭州市	第三批
拱墅区	杭州市	第三批
瓯海区	温州市	第三批
鄞州区	宁波市	第三批
滨江区	杭州市	第四批
南湖区	嘉兴市	第四批
吴兴区	湖州市	第四批

数据来源：2017—2020年国家智慧健康养老示范基地名单。

第一章 浙江县域高质量发展新特征

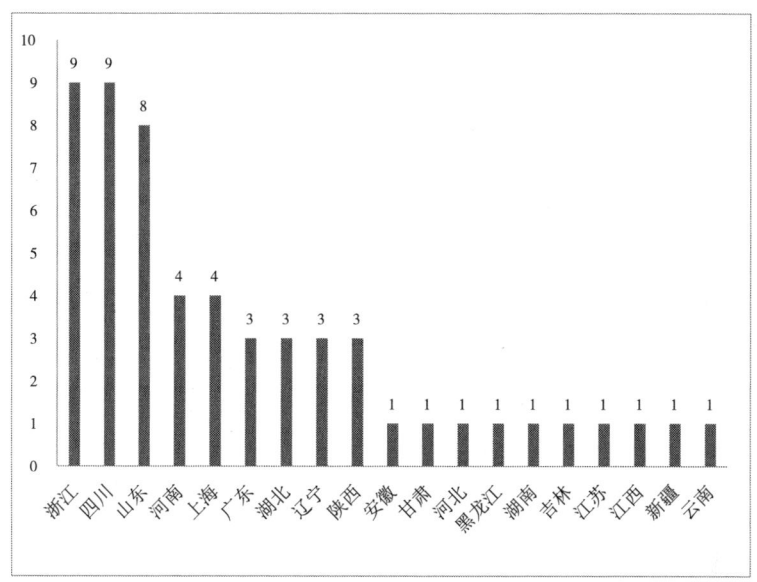

图1-1 全国县级智慧养老示范基地省域分布

数据来源：2017—2020年国家智慧健康养老示范基地名单。

4. 智慧社保推动惠民

数字深度赋能进一步提升县域社会保障服务水平。如数字技术融合产业激发大量优质就业机会，县域数字电商、网络直播从业者等成为带动县域经济发展的新生力量。各县（市、区）也在积极打造数字就业服务管理平台，开展线上职业培训等。通过构建社会保险网上服务核心平台，实现参保登记线上办理、网上缴费等便捷服务，提升县域社保服务水平。

四、县域数字文化业态丰富

1. 县域数字文化产业加快发展

新冠肺炎疫情期间，各县市数字文化产业逆势增长，影视动漫、数字阅读、网络游戏、工业设计等领域新业态新模式不断涌现。以互联网、云计算、大数据等为代表的新一代信息技术加速融入文化产业，助力县域数字文化产业发展迈上新台阶。县域文化产业发展亮点纷呈，如滨江区数字文化产业发展迅速，稳坐全省"动漫游戏第一区"宝座；东阳市横店企业多达

1800余家，其中上市公司31家，集聚了95%的国内前500强影视企业。鄞州区、宁海县、鹿城区、乐清市、黄岩区等被评为"浙江省文化产业重点县（市、区）"。

2. 县域数字文化平台集聚发展

浙江在推进数字和文化的跨界融合中先行先试，通过省市县联动，积极探索构建与数字文化发展相适应的平台和管理服务新模式。早在2016年，浙江省文化产业促进会就与云朵网络共同搭建"浙朵云"文化大数据平台，为全省各县（市、区）的文化企业提供一站式服务，提升县域文化企业的管理服务水平。近年来，浙江采用省市共建、市级设置分站点的方式打造智慧文化云、浙里好玩等平台，鼓励市、县（市、区）丰富个性化应用场景，激发数据要素对文化事业、文化产业的放大、叠加和倍增作用。目前，杭州、宁波、横店入选国家级文化和科技融合示范基地。

3. 县域数字文化产品精彩纷呈

以优质数字文化产品带动消费升级，是县域积极融入"双循环"新发展格局的可行路径。浙江省市县一体化整合全省文化馆、影音传媒、文艺展演、非遗传承等文化资源和信息，支持县域创新数字文化产品和消费模式，促进文化产品多渠道发布、多网络分发、多终端呈现。目前，全省电影、动漫产量居全国第二，以AR、3D技术为主的高科技文创产品和服务畅销国外。滨江区连续举办十五届中国国际动漫节，动画作品推优数量持续多年保持全国第一；临安区建立多个"虚拟文化空间"，收获央视"点赞"；柯桥区推进文化创意融合纺织业，引导"柯桥制造"转向"柯桥创造"，催生数码印花、花型设计等新产品和新模式。

五、县域数字生态美丽先行

1. 数字化提升青山绿水守护力

当下的浙江生态环境已进入全面修复保护、全面巩固提升、全域监测监管的新阶段，环境综合治理成为新发展趋势。县域作为实现努力建设展示人与自然和谐共生、生态文明高度发达的重要窗口目标节点，因时顺势从"数字环保"向"智慧环保"跨越发展，乘着"互联网+"的强劲东风，聚焦大生态大数据融合发展，梳理大气环境、水环境、土壤环境、污染源监管、自然生态保护、生态环境监察执法、核与辐射安全管理、综合政务管理等数据，构建起环境空间一体化的生态产品空间信息数据资源库，实现生态环境数据资源采集整合、动态实时监测监管、治理决策精准联动和便民服务智能高效，为描绘全域大花园"生态价值地图"打下坚实基础。

2. 数字化铺就青山绿水富民路

习近平同志主政浙江期间，率先提出"生态兴则文明兴"的生态文明观，首次提出"绿水青山就是金山银山"的科学论断。县域深知"绿水青山"不是天生的"金山银山"，在创新生态产品价值实现路径上，走出了独具特色的富民路。在提升生态溢价方面，以数字化农业助力绿色优质农产品供给，打造区域公用品牌，以"互联网+农业"为农产品打开销路。在乡村旅游方面，成功创建3家省级5A级景区城，10家省级4A级景区城，12个县域景点入选全省首批大花园耀眼明珠名单，以数字应用场景植入，丰富乡村旅游业态，积极打造乡村旅游数字样本。拓展生态产品价值高效转化路径方面，山区县域率先开展科学GEP核算，尝试开放式养殖用海的"三权分置"试点建设，以富民为导向，数字化为手段，积极开展数字民宿、绿色"水产业"和"地役权"等创新实践。

3. 数字化释放青山绿水新活力

从突破"两山"转化过程的瓶颈出发，浙江县域以数字平台化为支撑，创新绿色金融发展路径，积极探索绿色金融服务模式。通过建设生态产品交易平台，整合、分类、开发生态资源，理顺业务办理集成化流程机制，利用"两山银行"实现生态产品价值优质高效转化。在产权改革方面大胆尝试，创新生态产品确权登记，推出了生态产品"所有权、使用权和经营权"三权分置的办法，实现生态资源的资产化。推出"一村万树"绿色期权，整合"万树资源"，打造"绿色银行"。

六、县域数字基建互联畅通

1. 县域 5G 网络加快科学布局

《浙江省加快 5G 发展行动计划（2020—2022 年）》中明确打造国际一流、国内领先的 5G 基础设施，培植数字经济发展新优势。2020 年，浙江省累计建成 5G 基站 6.26 万个，实现县城以上及重点乡镇全覆盖。如新昌智能装备小镇客厅的 5G 公共网络基站正式开通，是浙江省首个开通的县域 5G 网络基站。龙游借助美丽城镇建设契机，同步规划、同步设计 5G+ 智慧建设，率先完成 5G 节点机房、宏站和微站的科学布点工作，并编制美丽城镇 5G+ 数字化应用专项规划。桐庐县加快"5G"建设支撑经济高质量发展，红狮水泥"5G+ 工业互联网"项目被列入工信部工业互联网 5G 网络化改造及推广服务平台。

2. 县域综合数据平台加快建设

各级政府充分运用数字化转型成果，全力推进省市县一体化智能化公共数据平台升级迭代。如"数字绍兴"综合应用门户上线，集成五大综合应用、6 个区（市、县）门户，全面支撑数字化改革任务拆解、省市县任务关联，实现跨领域跨地域查阅和搜索、重大任务进展情况"一屏概览"。德清县积极推进全域数字治理试验区建设，打造"数字乡村一张图"平台，集成空间地理、自然环境等 282 类基础数据，实施覆盖全域的城乡三维地图建模、人口动态迁移感知系统、乡村治理多规合一应用等 20 个重点项目，进一步推动乡村治理多维度、多领域数字化。

七、县域数字治理更加高效

1. 数字赋智提升县域治理精准度

2019 年浙江省委十四届六次全会就指出，高水平推进省域治理现代化必须坚持以数字化治理为支撑，促进数字化变革全面推进、全面深化。县域治理是推进国家治理体系和治理能力现代化的重要一环。浙江省率先以数字赋能县域治理为突破口，提升治理现代化水平。在80%以上的县（市、区）设置了大数据发展管理局，通过构建县域治理的"数字底座"，打造"数字驾驶舱"，对各县发展情况和公共安全状况及时把握、精准研判，推动县域加强事前预警，提升治理的智慧化和精准化水平。

2. 数字赋能推动县域治理高效化

县域以"一中心四平台一网格"基层治理体系迭代升级为着力点，完善数据共享、业务协同、应用开发体系，部署上线"浙江省社会矛盾纠纷调处化解协同应用系统"，推进信访和矛盾纠纷调处化解、社会治理事件处置、社会风险研判等三大功能平台建设。2020年，全省县级矛调中心共接待群众134.9万人次，受理矛盾纠纷66.2万件，化解成功率94.9%，群众来信、走访总量相比上年同期下降28.6%，大大提升县域治理效能。

3. 数字赋权构建县域共治新格局

各县以智治贯穿引领法治、德治、自治等多元治理理念，借助数字化手段，对县域发展重大问题上的知情权、参与权和建议权更好地下放给人民，创新推出"百姓议事会""随手拍""随心问"等线上共治模式，形成人人参与县域治理的良好局面，有效激活治理的内生动力。此外，通过线上线下联动，建起乡贤参与县域治理的桥梁纽带，形成多元主体共建共治县域治理格局。

第二章
浙江县域高质量发展水平分析

第一节　浙江县域高质量发展指标体系

一、指标体系完善原则

1. 突出数字化改革践行五大理念

深刻领会习近平新时代中国特色社会主义思想和党的十九届五中全会精神，坚定不移贯彻创新、协调、绿色、开放、共享的新发展理念。指标体系充分发挥"创新、协调、绿色、开放、共享"五大理念的导向和引领作用，突出数字化改革在县域增强经济实力、提升创新能力、推动绿色发展和增进民生福祉等方面的作用。

2. 落实全省"十四五"规划指标

参照浙江省"十四五"规划纲要的指标体系，选取全员劳动生产率、R&D 经费支出占 GDP 比重、实际使用外资额、城镇调查失业率、每千人口拥有执业（助理）医师数、每千人口拥有医疗卫生机构床位数等指标，增强数据指标的通用性。

3. 突出发展数字经济

收集分析浙江省县（市、区）数字化转型发展情况的《浙江省县（市、区）科技进步统计监测报告》《浙江省数字经济发展综合评价报告》等各类报告，从中选取数字产业化指数、产业数字化指数、数字经济新业态新模式指数、政府和社会数字化水平指数、数字基础设施指数等数据。

第二章 浙江县域高质量发展水平分析

4. 确保指标数据权威

结合县域特点,依据省高质量发展指标体系,加强与省发展改革委、省统计局、省科技厅、省经信厅等部门的对接,调整指标体系中的可替换指标,确认指标数据来源,保证指标数据的权威可得。

二、评价指数构建

2021浙江省县域高质量发展评价指标体系的框架以五大发展理念为核心,同时结合浙江省"十四五"时期经济社会发展主要指标中经济发展、科技创新、改革开放、文化发展、生态环境、省域治理、社会民生、安全保障的指标分类,最终确定指标体系构架,由一个总指数和六个分指数构成(图2-1)。一个总指数是县域高质量发展综合评价指数即对浙江省县域整体及89个县(市、区)高质量发展总体水平的综合评价;六个分指数是综合质量效益指数、创新发展指数、协调发展指数、绿色发展指数、开放发展指数和共享发展指数。

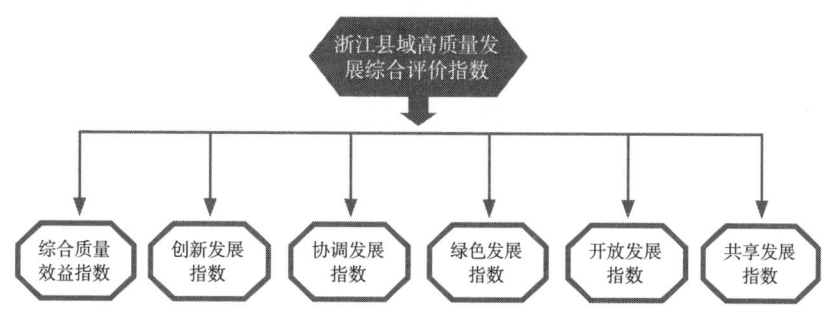

图2-1 浙江省县域高质量发展指数构架

1. 综合质量效益指数

我国经济已由高速增长阶段转向高质量发展阶段,提升经济发展质量和效率是高质量发展下转变发展方式的必然要求。近年来,浙江省加快转变发展方式、优化经济结构,经济增长向追求高质量和高效益的模式转变。综合质量效益指数分为宏观、微观两个层面,主要从人均水平、工业效益、政府财力保障等方面反映浙江省县(市、区)经济增长质量和效益情况。

2. 创新发展指数

科技创新是高质量发展的核心驱动力，也是经济发展质量变革、效率变革和动力变革的主要依靠。创新发展指数全面评价浙江省县（市、区）创新驱动发展的总体水平，重点突出科技进步对经济增长发挥更大作用，高端人才、产业集聚引领发展；重点从创新投入、创新产出、创新主体、创新效率等层面反映浙江省县（市、区）在推动科技创新方面的进展、新兴产业动能的发展和创新环境的优化。

3. 协调发展指数

协调发展是建设现代化经济体系、推动经济高质量发展的重要任务。近年来，浙江省推进平原、山区、海岛不同地区发挥比较优势，共同发展；城乡二元经济结构转变为现代经济结构，实现乡村振兴。协调发展指数重点突出区域经济协调、城乡发展协调、经济社会协调，充分体现浙江省城乡一体、区域协同发展方面的进展成效。

4. 绿色发展指数

绿色发展理念是深刻体现新阶段我国经济社会发展规律的重大理念，是高质量发展的内在要求。浙江省全面推进生产生活方式绿色转型，打造美丽中国先行示范区。绿色发展指数主要从资源利用、环境治理、环境质量提升、生态环境保护等方面反映浙江省县（市、区）生态资源利用效率和生态环境保护水平。

5. 开放发展指数

开放发展是准确把握国际国内发展大势的先进理念，是高质量发展的重要路径。随着浙江省持续扩大开放，打造国内国际双循环战略枢纽，浙江省县域经济发展进一步深入参与到全球发展进程中。开放发展指数重点突出对外贸易、实际利用外资、人口流动和营商环境情况，充分反映浙江县域在扩大开放、"走出去"等方面的进展与成效。

6. 共享发展指数

共享发展理念集中体现了实现共同富裕是社会主义本质要求，是高质量发展的深度体现。共享发展指数重点突出社会就业、社会事业、公共服务供给水平，充分体现浙江省县（市、区）基层基本公共服务均等化水平的提高和居民生活质量的提升。

三、指标选取

1. **综合质量效益指标**

主要通过人均水平、工业效益、政府财力保障等方面来体现。具体来讲，人均水平主要通过人均生产总值、全员劳动生产率来衡量；税收效益主要通过一般公共预算收入与生产总值之比、规上工业亩均税收来衡量；工业效益主要通过规模以上工业增加值率来衡量；政府财力保障主要通过税收收入占一般公共预算收入比重来衡量，共6个指标。

2. **创新发展指标**

主要通过创新投入、创新产出、创新主体、创新效率等方面来体现。具体来讲，创新投入主要通过R&D经费支出占生产总值比重来衡量；创新产出主要通过每万人发明专利拥有量、高（新）技术产业增加值占规模以上工业比重、战略性新兴产业增加值占生产总值比重来衡量；创新主体主要通过每千家企业中科技型中小企业数来衡量；创新效率主要通过数字产业化指数、产业数字化指数、数字经济新业态新模式指数来衡量，共8个指标。

3. **协调发展指标**

主要通过区域经济协调、城乡发展协调、经济社会协调等方面来体现。具体来讲，区域经济协调通过居民人均可支配收入与人均生产总值之比来衡量；城乡发展协调主要通过城乡居民收入比来衡量；经济社会协调主要通过常住人口城镇化率、居民最低生活保障线以下人数与户籍人口数之比、人均一般性公共服务财政支出等来衡量，共5个指标。

4. **绿色发展指标**

主要分为资源利用、环境治理、环境质量提升、生态环境保护4个方面共4个复合指标（资源利用指数、环境治理指数、环境质量指数、生态保护指数）。具体来讲，资源利用指数包含资源消费总量增长率、单位 GDP 能耗降低率、单位 GDP 二氧化碳排放降低率、可再生能源生产量增长率、万元 GDP 用水量降低率、一般工业固体废物综合利用率等指标；环境治理指数包含化学需氧量排放量降低率、氮氧排放量降低率、二氧化硫排放量降低率、危险废物处置利用率、生活垃圾无害化处理率、污水集中处理率等指标；环境质量指数包含空气质量优良天数比率、PM2.5 浓度降低率、地表水达到或好于 Ⅲ 类水体比例、地表水劣 Ⅴ 类水体比例、近海海域水质优良比例等指标；生态保护指数包含森林覆盖率、乔木林单位面积蓄积量、自然岸线保有率、湿地保护率、陆域自然保护区面积占土地面积比例、海洋保护区面积增长率、新增矿山恢复治理面积等指标。

5. 开放发展指标

主要通过对外贸易、营商环境、实际利用外资等方面来体现。具体来讲，对外贸易主要通过外贸出口占全省比重来衡量；营商环境主要通过区域人口净流入率、净增企业法人单位数占企业法人单位总数比重、政府和社会数字化水平指数 3 个指标来衡量；实际利用外资主要通过实际利用外资总额来衡量，共 5 个指标。

6. 共享发展指标

主要通过社会就业、社会事业、公共服务供给水平等方面来体现。具体来讲，社会就业主要通过城镇调查失业率来衡量；社会事业主要通过数字基础设施指数、平安指数 2 个指标来衡量；公共服务供给水平主要通过每千人拥有医生数、每千人医疗机构床位数 2 个指标来衡量，共 5 个指标。

四、权重设置

关于指标权重的设置，我们认为，五大发展理念各个方面相互贯通、相互促进，是具有内在联系的集合体，应"一视同仁、不可偏废"，但同时也要坚持创新引领发展的第一动力，重点评价浙江省县（市、区）的数字化水平。因在二级指标设置中，各类指标数量不一，为避免一级指标之间权重

第二章 浙江县域高质量发展水平分析

悬殊较大，我们在对二级指标进行赋权时采用因子分析法和德尔菲专家调查法，充分考虑指标重要性、指标数量等因素，对于重要性指标或综合性较强的指标适当调高权重，对于一般性指标则赋予较低权重，基本形成"重要指标4分、一般指标2~3分"的原则。在对二级指标赋权后，综合质量效益指数、创新发展指数、协调发展指数、绿色发展指数、开放发展指数、共享发展指数等6个一级指标权重分别为18分、22分、15分、16分、15分、14分，共100分（表2-1）。

表2-1　2021浙江县域高质量发展评价指标权重

序号	一级指标	二级指标	权重
1	综合质量效益	人均生产总值（元）	4
2		全员劳动生产率（万元/人）	4
3		一般公共预算收入与生产总值之比（%）	2
4		规上工业亩均税收（万元/亩）	3
5		税收收入占一般公共预算收入比重（%）	2
6		规模以上工业增加值率（%）	3
7	创新发展	R&D经费支出占生产总值比重（%）	4
8		每万人发明专利拥有量（件）	3
9		高（新）技术制造业增加值占规模以上工业比重（%）	3
10		每千家企业中科技型中小企业数（家）	3
11		战略性新兴产业增加值占生产总值比重（%）	3
12		数字产业化指数	2
13		产业数字化指数	2
14		数字经济新业态新模式指数	2
15	协调发展	居民人均可支配收入与人均生产总值之比（%）	3
16		城乡居民收入比	3
17		常住人口城镇化率（%）	3
18		居民最低生活保障线以下人数与户籍人口数之比(%)	3
19		人均一般性公共服务财政支出（元）	3

续表

序号	一级指标	二级指标	权重
20	绿色发展	资源利用指数	4
21		环境治理指数	4
22		环境质量指数	4
23		生态保护指数	4
24	开放发展	外贸出口占全省比重（%）	3
25		区域人口净流入率（%）	3
26		净增企业法人单位数占企业法人单位总数比重（%）	3
27		政府和社会数字化水平指数	3
28		实际利用外资总额（万美元）	3
29	共享发展	城镇调查失业率（%）	3
30		数字基础设施指数	3
31		平安指数	2
32		每千人拥有医生数	3
33		每千人医疗机构床位数	3

五、指数计算方法

1. 数据来源

以全省89个县（市、区）[1]为研究对象，数据主要来自各地年度统计年鉴、统计公报、专业部门报告和政府网站公开数据，因2020年数据尚未完全公布，数据时点选为2019年。

2. 数据处理

为保证各指标之间具有可比性、可靠性，对数据进行同趋化和标准化处理，公式为：

正向指标标准化值 =（实际值 – 最小值）/ 极差

逆向指标标准化值 =（最大值 – 实际值）/ 极差

---

[1] 杭州行政区划调整和龙港市设立前的数据，34个县、19个县级市、36个市辖区。

其中,极差 = 最大值 − 最小值。

3. 评价方法

得分 = 各指标的评价值 × 指标权重

分别计算县域高质量发展综合评分和综合质量效益、创新发展、协调发展、绿色发展、开放发展、共享发展6个分项得分。

计算指数:

综合指数 =（综合得分/100）×40+60

分项指数 =（分项得分/分项指数权重）×40+60

经过以上处理,所有指标均为正,并且取值范围在[60,100]。

六、数字化实现

1. 指数计算

我们运用浙江省发展规划研究院数字智库系统县域高质量发展信息管理子功能,存储和管理浙江各县（市、区）基本情况数据（人口、面积、生产总值等）、县域高质量发展指标数据（33个指标的数据）、各案例的申报材料（申报书、图片、视频等）,并通过设立指标体系计算出浙江各县（市、区）县域高质量发展指数得分。

2. 指数分析

运用数字智库系统县域高质量发展分析子功能,对总指数及各分项指数的总体得分情况和排名情况进行研究分析,对总指数及各分项指数中排名前30位县（市、区）的分布进行对比分析,对浙江各县（市、区）高质量发展水平进行分析评价。

3. 成果展示

运用数字智库系统县域高质量发展展示子功能,根据县（市、区）各项高质量发展分析评价结果,对全省县域高质量发展情况进行画像,形成县域高质量发展地图。县域高质量发展地图展示了浙江各县（市、区）高质量发展水平及案例的基本情况。

第二节 浙江县域高质量发展指数分析

一、总指数评价

1. 分领域发展不均衡状况显著

从平均数看,浙江省89个县(市、区)总指数的平均得分为73.8分。其中,绿色发展指数的平均得分最高,超过80分(81.8分),协调发展、共享发展、创新发展的平均得分在70分以上,分别为77.3分、75分、71分,开放发展指数和综合质量效益指数的平均得分相对较低,分别为69.7分和69.5分(图2-2)。

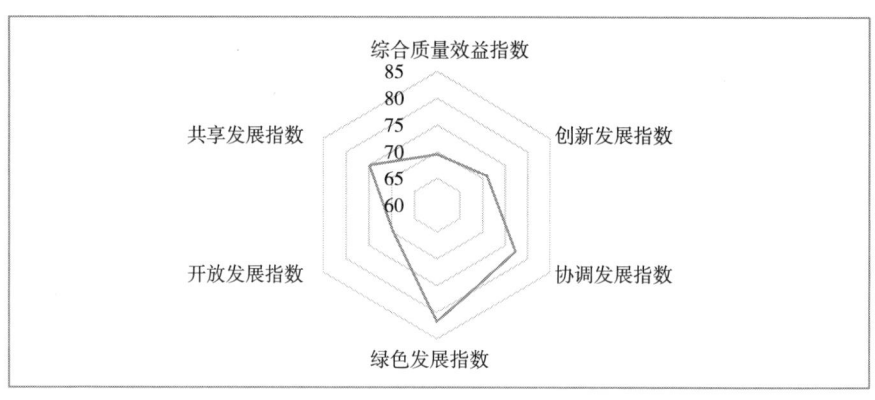

图2-2 浙江省县域高质量发展各分项指数得分情况

2. 县域高质量发展区域不均衡明显

从地区分布看,杭州、宁波、湖州的县域高质量发展总指数平均得分排全省前三(图2-3),其中杭州、宁波的总指数平均得分均超过75分。总指数平均得分排名前30位的县(市、区),杭州、宁波、嘉兴、湖州分别有10个、7个、3个、3个,四地合计占了全省的76.7%,而衢州、舟山、台州均无总指数平均得分排名前30位的县(市、区)(图2-4)。

第二章　浙江县域高质量发展水平分析

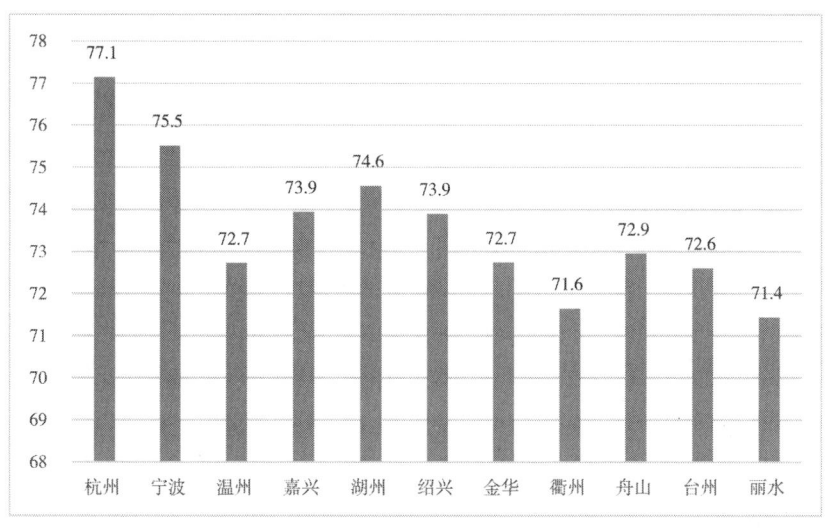

图2-3　浙江省11个地级市县域高质量发展总指数平均得分情况

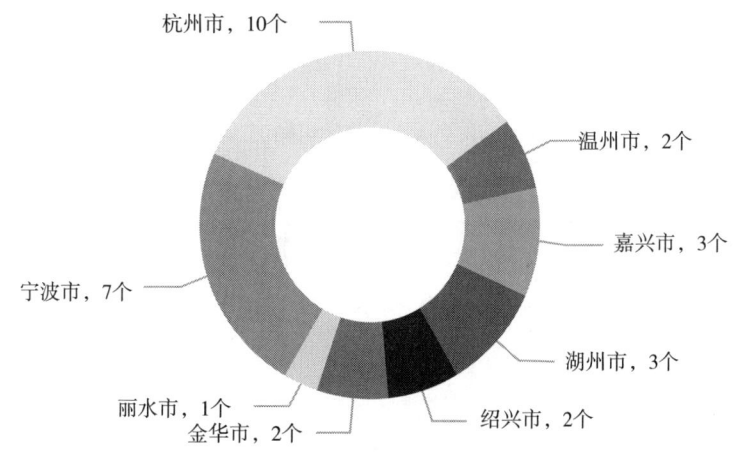

图2-4　浙江省县域高质量发展总指数得分排名前30的县（市、区）数量分布图

3. 市辖区高质量发展水平较高

对比2020年度报告测评总指数得分，滨江区连续两年总指数得分排第1位。总指数得分排名前10位的市辖区数量由9个增加到10个，总指数得分排名前30位的市辖区由22个增加到23个，占比达76.7%（图2-5）。

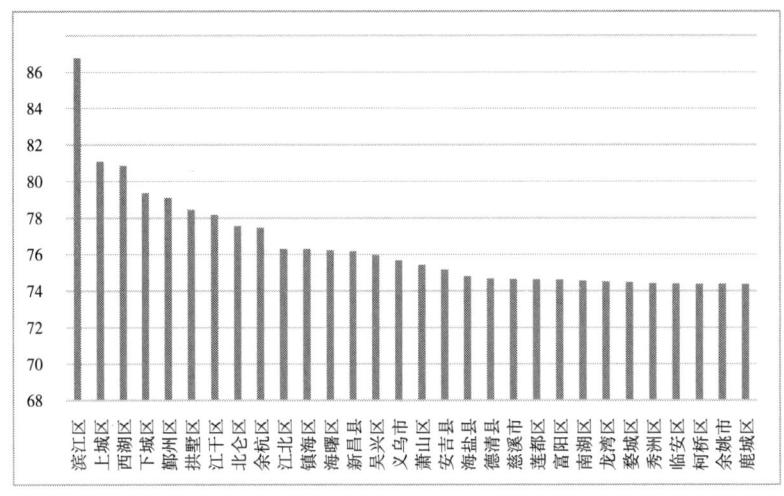

图2-5 浙江省县域高质量发展总指数平均得分排名前30位的县（市、区）

浙江省各县（市、区）县域高质量发展总指数得分情况见图 2-6。

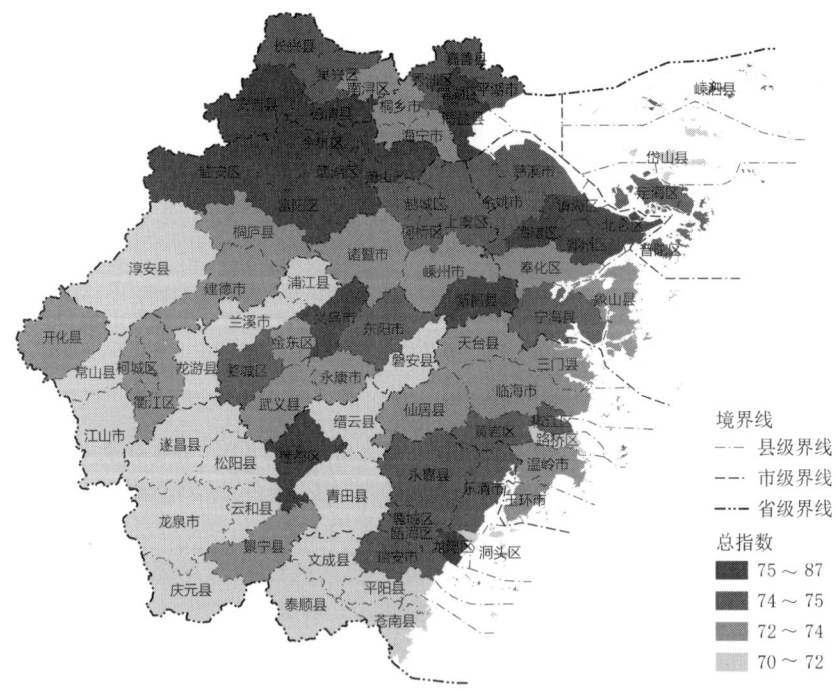

图2-6 浙江省各县（市、区）县域高质量发展总指数得分情况

地图审核号：浙S〔2022〕2号。

二、综合质量效益发展指数评价

1. 综合质量效益总体得分不高

综合质量效益得分高于 80 分的仅有上城区和滨江区。得分在 75 分至 80 分之间的有北仑区、余杭区、镇海区和下城区。排名在第 6 位之后的县（市、区）得分均低于 75 分（图 2-7）。

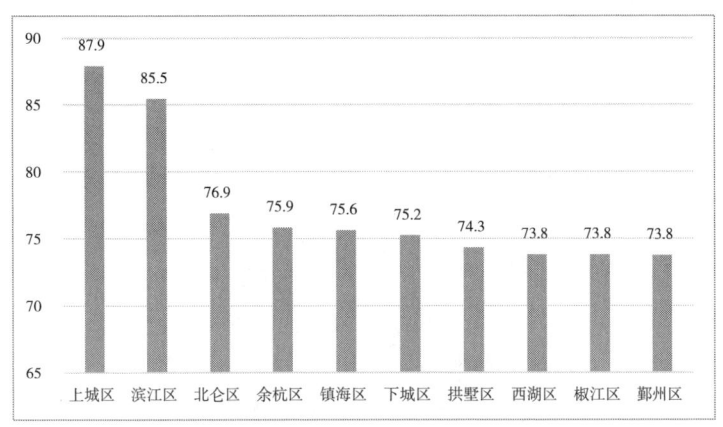

图 2-7　浙江省县域高质量发展之综合质量效益指数得分排名前 10 位的县（市、区）

2. 综合质量效益水平较高的县（市、区）集中在杭州和宁波

综合质量效益指数得分排名前 10 位的县（市、区）中，杭州和宁波两市合计有 9 个。综合质量效益指数得分排名前 30 位的县（市、区）中，杭州和宁波两市合计有 16 个，占全省比重超过 53%（图 2-8）。

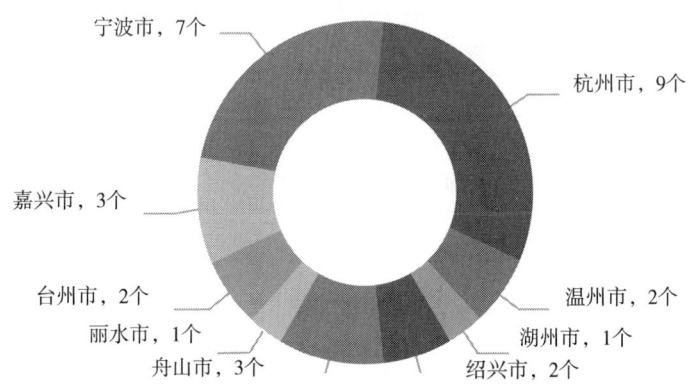

图 2-8　浙江省县域高质量发展之综合质量效益指数得分排名前 30 的县（市、区）数量分布图

3. 浙江县域综合质量效益指标提升较快

对比 2020 年度报告测评综合质量效益指标数据，89 个县（市、区）人均生产总值平均值从 97548 元增加到 106133 元，全员劳动生产率平均值从 15.02 万元上升到 15.14 万元，规上工业亩均税收平均值从 37.4 万元上升到 40.3 万元。说明浙江省县（市、区）在经济发展效益方面有所提升。

浙江省各县（市、区）县域高质量发展之综合质量效益指数得分情况见图 2-9。

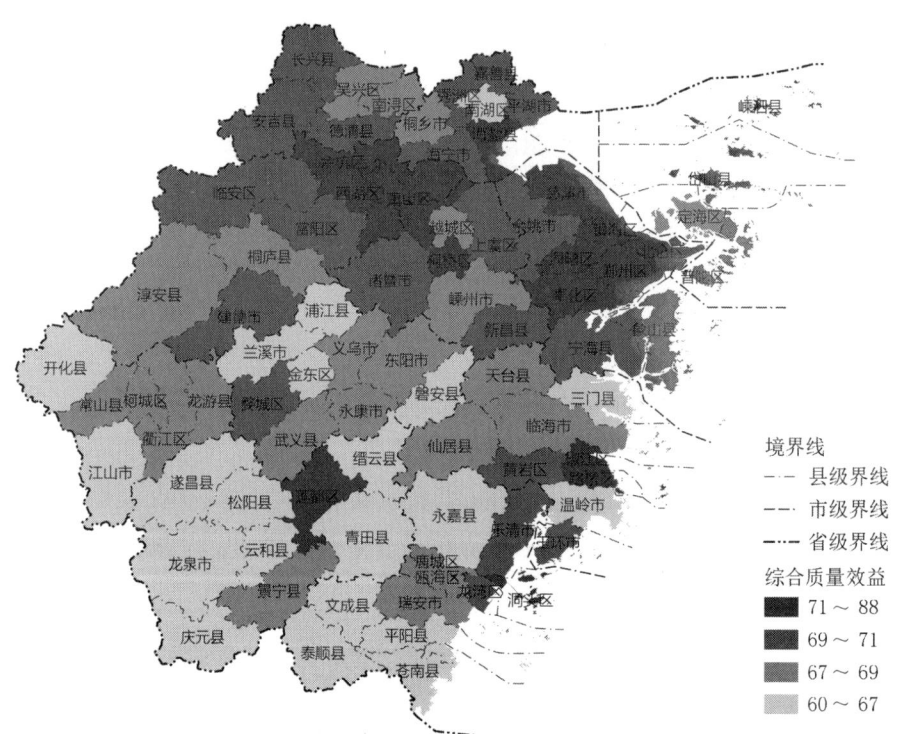

图 2-9 浙江省各县（市、区）县域高质量发展之综合质量效益发展指数得分情况
地图审核号：浙 S〔2022〕2 号。

三、创新发展指数评价

1. 市辖区与县（市）创新发展差距不大

创新发展指数得分排名前 10 位的县（市、区）中，市辖区与县（市）

第二章 浙江县域高质量发展水平分析

数量分别为 4 个、6 个（图 2-10）；排名前 30 位的县（市、区）中，市辖区与县（市）数量分别为 19 个、11 个，市辖区与县（市）差距是 6 个分指数中最小的。

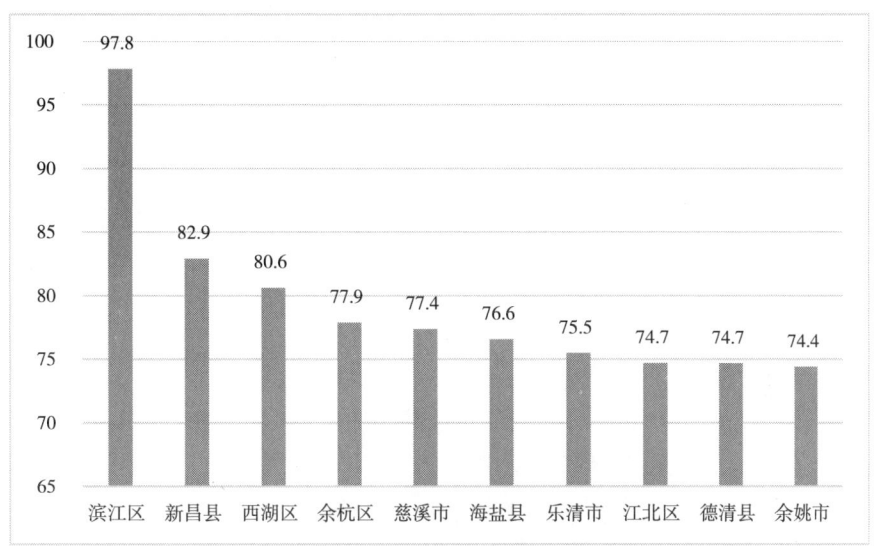

图2-10 浙江省县域高质量发展之创新发展指数得分排名前10位的县（市、区）

2.创新发展水平较高的县（市、区）集中在浙北地区

创新发展指数得分排名前 10 位的县（市、区）中，杭州、宁波、嘉兴三市合计有 7 个。创新发展指数得分排名前 30 位的县（市、区）中，杭州、宁波、嘉兴三市合计有 21 个，占全省比重达 70%（图 2-11）。

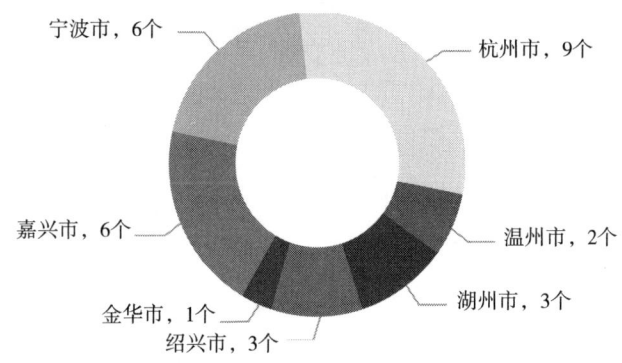

图2-11 浙江省县域高质量发展之创新发展指数得分排名前30的县（市、区）数量分布图

3. 浙江县域创新发展指标总体提高

对比2020年度报告测评创新发展指标数据,89个县(市、区)R&D经费支出占生产总值比重平均值从2.1%上升到2.2%,每千家企业中科技型中小微企业数平均值由47.2家增加到50家,数字经济新业态新模式指数平均值由41.3上升到59.1,战略性新兴产业增加值占生产总值比重平均值保持在6.8%。说明浙江省县(市、区)在创新投入、创新产出、创新效率等方面有显著提升。

浙江省各县(市、区)县域高质量发展之创新发展指数得分情况见图2-12。

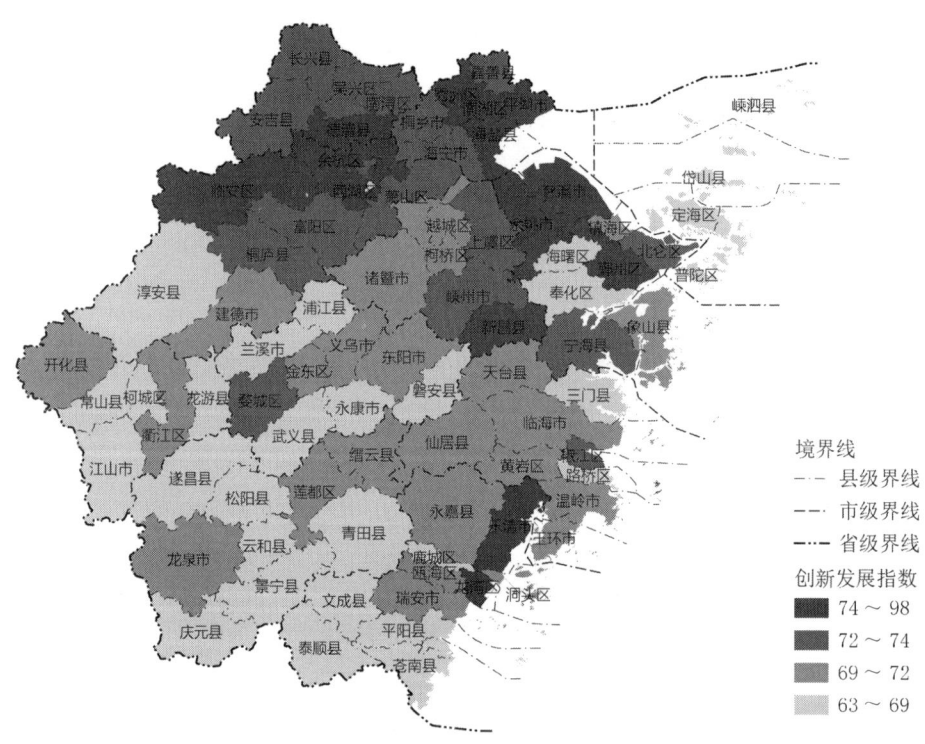

图2-12 浙江省各县(市、区)县域高质量发展之创新发展指数得分情况

地图审核号:浙S〔2022〕2号。

四、协调发展指数评价

1. 县（市、区）协调发展差距不大

协调发展指数得分排名第1位的是拱墅区，为88.6分（图2-13），排名前21位的县（市、区）得分均在80分以上，84个县（市、区）得分在70分以上。协调发展指数得分的标准差为4.2，说明县（市、区）协调发展指数得分较为集中。

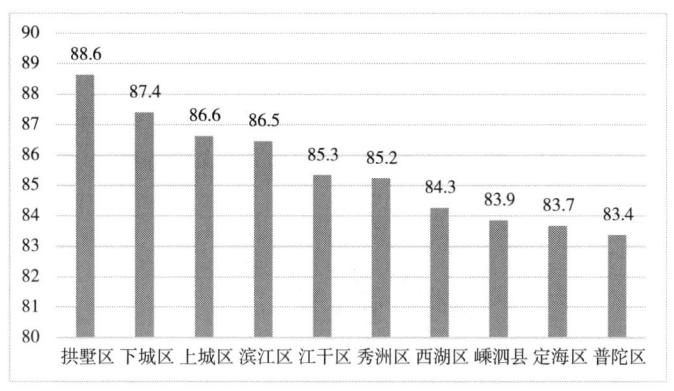

图2-13　浙江省县域高质量发展之协调发展指数得分排名前10位的县（市、区）

2. 协调发展有优势的县（市、区）集中在沿海地区

协调发展指数得分排名前10位的县（市、区）中，杭州有6个，舟山有3个，嘉兴有1个。协调发展指数得分排名前30位的县（市、区）中，杭州、舟山、宁波三地的县（市、区）分布较多，合计共16个，占全省比重达53.3%（图2-14）。

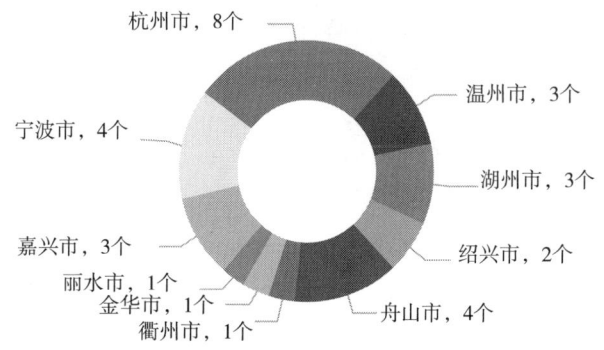

图2-14　浙江省县域高质量发展之协调发展指数得分排名前10位的县（市、区）

3. 协调发展指标显著提高

对比2020年度报告测评协调发展指标数据，89个县（市、区）常住人口城镇化率平均值由66.1%上升到67%，人均一般性公共服务财政支出平均值由1541元上升到1856元，城乡居民收入比平均值由1.86下降到1.81，居民最低生活保障线以下人数与户籍人口数之比平均值由1.6%下降到1.45%，居民人均可支配收入与人均生产总值之比平均值保持在53%。说明浙江省县（市、区）在保障低收入人群生活、城乡融合发展等方面有所提升。

浙江省各县（市、区）县域高质量发展之协调发展指数得分情况见图2-15。

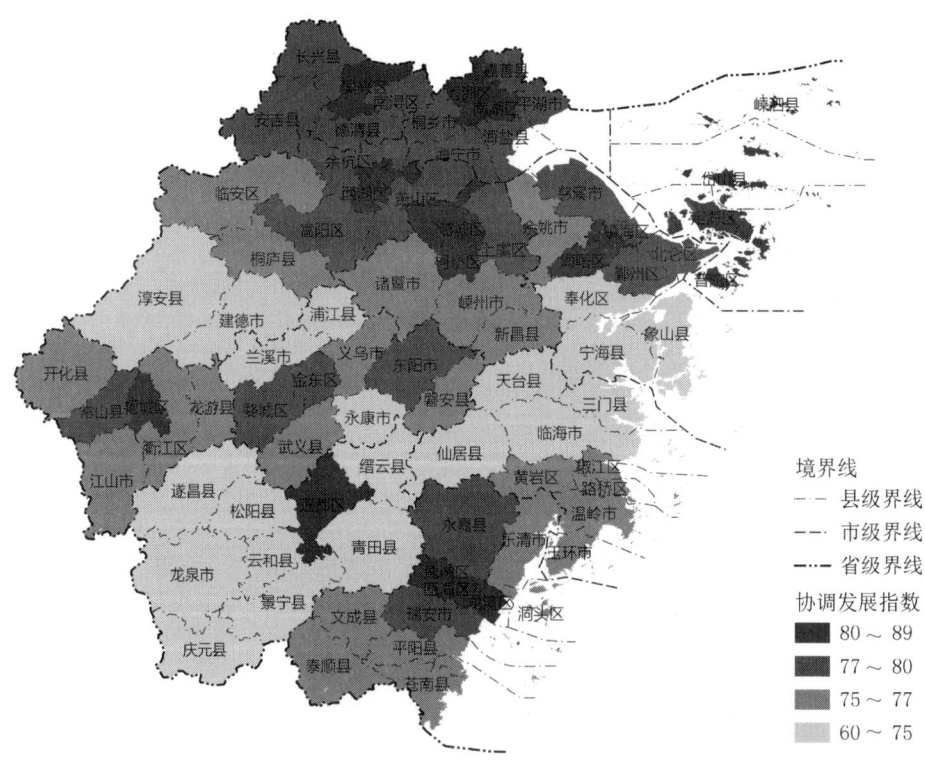

图2-15 浙江省各县（市、区）县域高质量发展之协调发展指数得分情况

地图审核号：浙S〔2022〕2号。

五、绿色发展指数评价

1. 县（市、区）绿色发展水平总体较高

各县（市、区）绿色发展指数得分都在70分以上，其中得分80分以上的县（市、区）有57个，较2020年增加3个。绿色发展指数得分排名第1位的是庆元县（88.5分），排名第10位的是天台县（87.6分）（图2-16）。

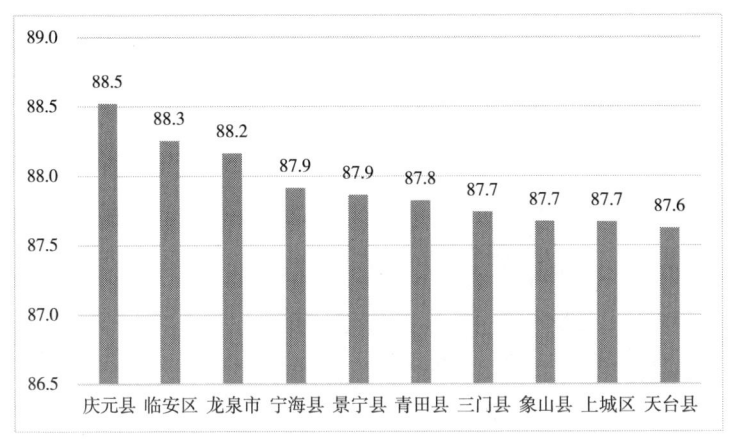

图2-16　浙江省县域高质量发展之绿色发展指数得分排名前10位的县（市、区）

2. 绿色发展水平较高的县（市、区）集中在丽水、台州

绿色发展指数得分排名前10位的县（市、区）中，丽水有4个，台州有2个。绿色发展指数得分排名前30位的县（市、区）中，丽水、台州两地合计有12个，占全省比重达40%（图2-17）。

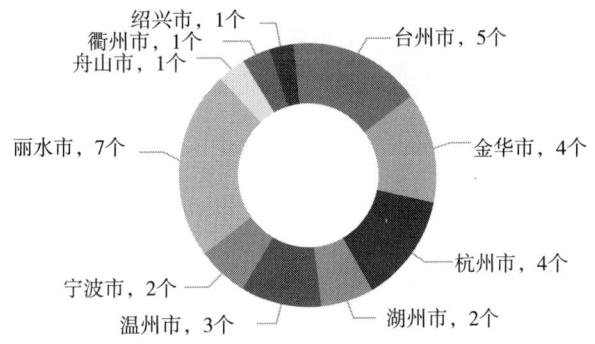

图2-17　浙江省县域高质量发展之绿色发展指数得分排名前30的县（市、区）数量分布图

3. 浙江县域绿色发展指标呈现"半升半降"

对比 2020 年度报告测评绿色发展指标数据，89 个县（市、区）环境治理指数平均值从 74.69 上升到 76.7，环境质量指数平均值从 89.2 上升到 90.3，资源利用指数平均值从 82.3 下降到 79.5，生态保护指数平均值从 72.1 下降到 71.4。说明浙江省县（市、区）环境治理、环境质量情况有所改善，资源利用、生态保护水平还需进一步提高。

浙江省各县（市、区）县域高质量发展之绿色发展指数得分情况见图 2-18。

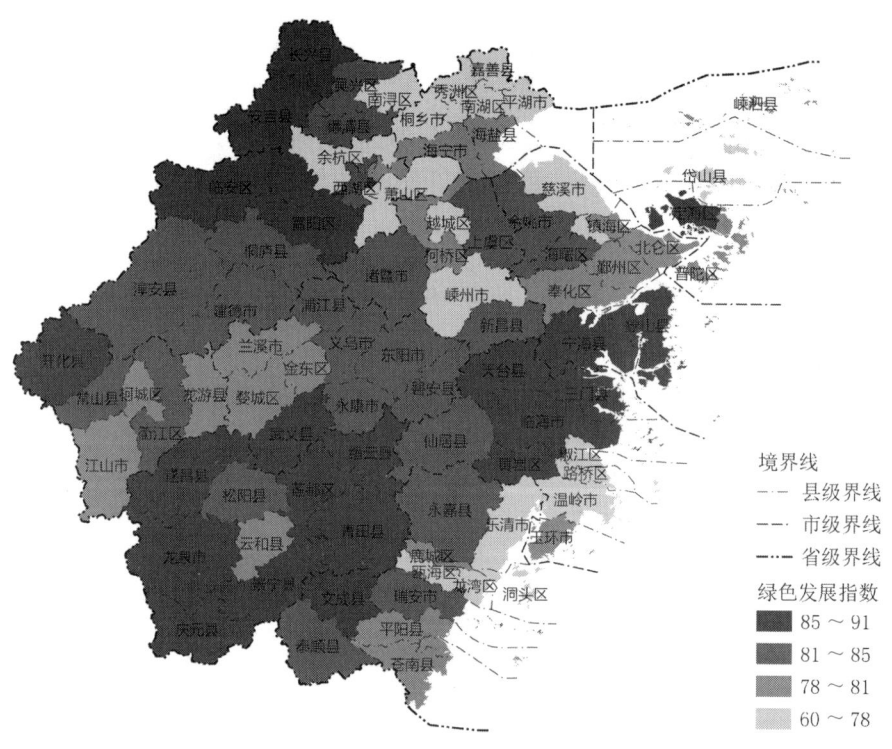

图 2-18　浙江省各县（市、区）县域高质量发展之绿色发展指数得分情况

地图审核号：浙 S〔2022〕2 号。

六、开放发展指数评价

1. 开放发展区域不均衡明显

开放发展指数得分排名第1位的是鄞州区,为90.2分。得分在80分至90分之间的只有北仑区、义乌市、镇海区(图2-19)。排名前28位的县(市、区)得分均在70分以上,其余县(市、区)得分均在60分至70分之间。

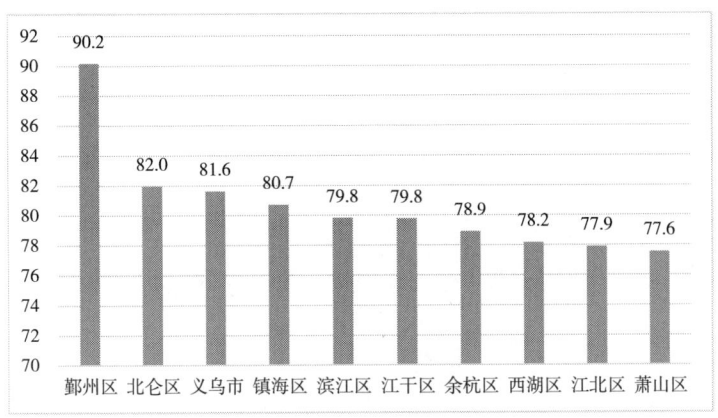

图2-19 浙江省县域高质量发展之开放发展指数得分排名前10位的县(市、区)

2. 开放发展水平较高的县(市、区)集中在杭州湾经济区

开放发展指数得分排名前10位的县(市、区)有9个位于杭州、宁波两市,开放发展指数得分排名前30位的县(市、区)中,杭州、宁波两市有14个,占全省比重达46.7%(图2-20)。

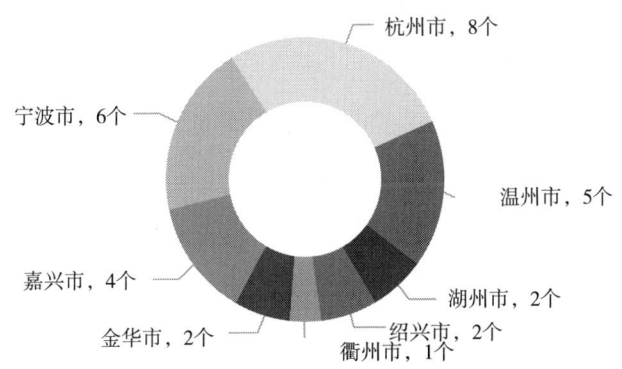

图2-20 浙江省县域高质量发展之开放发展指数得分排名前30的县(市、区)数量分布图

3. 开放发展指标总体发展迅速

对比2020年度报告测评开放发展指标数据，89个县（市、区）区域常住人口净流入率平均值为0.67%，说明浙江县（市、区）对外来人口有较大吸引力。净增企业法人单位数占企业法人单位总数比重平均值由21.2%上升到27%，说明浙江县（市、区）创业氛围良好。

浙江省各县（市、区）县域高质量发展之开放发展指数得分情况见图2-21。

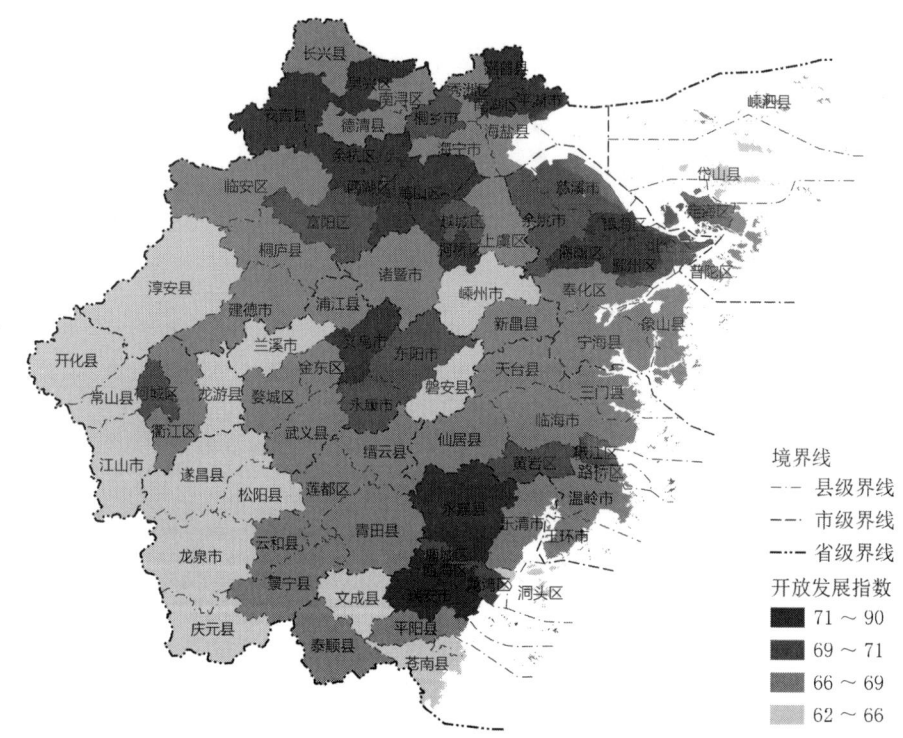

图2-21 浙江省各县（市、区）县域高质量发展之开放发展指数得分情况

地图审核号：浙S〔2022〕2号。

七、共享发展指数评价

1. 市辖区共享发展水平较高

共享发展指数得分排名中，上城区以91.7分超过滨江区，成为第1名。

研究篇 ◎

第二章　浙江县域高质量发展水平分析

共享发展指数得分排名前10位的全部是市辖区（图2-22）。共享发展指数得分排名前30位的县（市、区）中，市辖区有24个，占比达80%。

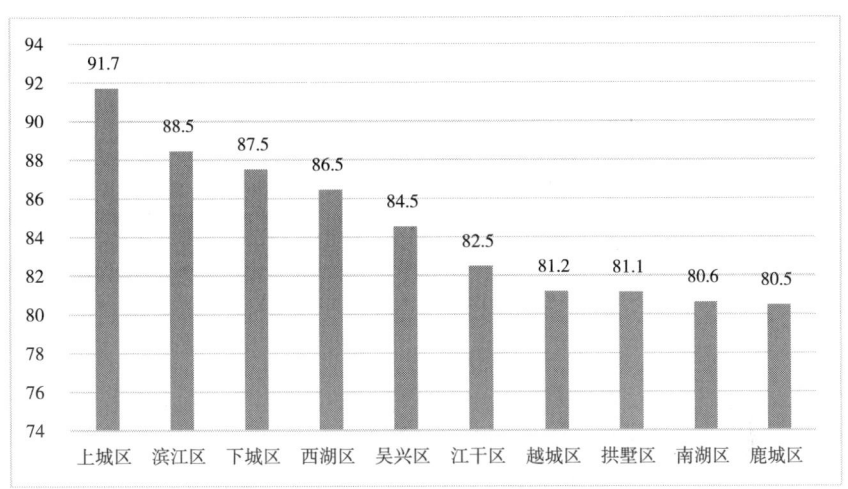

图2-22　浙江省县域高质量发展之共享发展指数得分排名前的10位县（市、区）

2. 共享发展水平较高的县（市、区）集中在浙北地区

共享发展指数得分排名前10位的县（市、区）中，杭州有6个。共享发展指数得分排名前30位的县（市、区）中，杭州、宁波两市共有16个，占全省的53.3%（图2-23）。

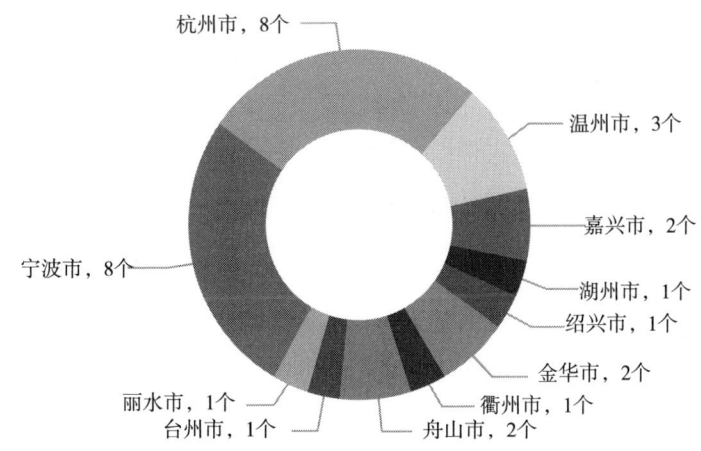

图2-23　浙江省县域高质量发展之共享发展指数得分排名前30的县（市、区）数量分布图

3. 共享发展水平持续提高

对比2020年度报告测评共享发展指标数据。89个县（市、区）每千人拥有医生数平均值由3.2人增加到3.7人，说明浙江省县（市、区）的医疗水平有所提升。平安指数平均值由95.5上升到96.7，说明浙江省县（市、区）的社会治理能力有所加强。城镇调查失业率由2%下降到1.8%。说明浙江省县（市、区）就业保障水平显著提升。

浙江省各县（市、区）县域高质量发展之共享发展指数得分情况见图2-24。

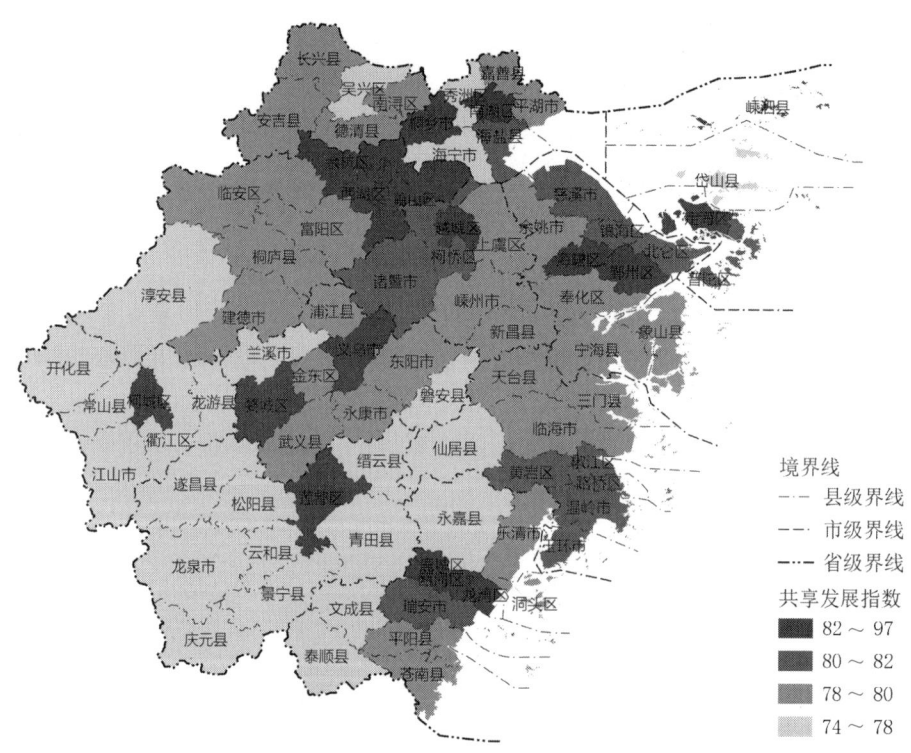

图2-24 浙江省各县（市、区）县域高质量发展之共享发展指数得分情况

地图审核号：浙S〔2022〕2号。

第三章
数字赋能县域高质量发展成就启示

第一节　数字赋能县域高质量发展亮点成就

一、数字经济创新发展成效显著

县域是数字经济发展的主阵地。浙江省县域自身条件各不相同,主导产业、产业规模、数字化基础等要素都存在差异,各县数字经济改革的进程千差万别,然而借助数字化改革先行试点,县域的差异让浙江数字化进程百花齐放、百舸争流,形成了一大批经典案例和实践经验。县域数字化应用层出不穷,如龙游县"智慧粮脑"数字农业服务系统、余杭区"农安码合格证"、平湖市"植物工厂"等创新应用纷纷亮相,共同助力县域经济数字化现代化发展。县域数字经济发展平台加快推进建设,余杭区、德清县、上虞区等以数字经济为依托建立特色小镇,为其他县域数字经济转型升级提供示范样板。县域数字人才加快集聚,各县(市、区)通过积极举办数字经济全球创新创业大赛,加强对高新数字人才的吸引和培养。

二、数字促进协同发展统筹推进

数字化改革促进区域协同发展展现诸多亮点,县域作为重要节点,率先探索跨区域一体化制度创新和路径模式,强化区域优质资源的统筹配置,促进全方位协同联动。数字长三角建设深刻改变县域协同发展格局,如嘉善县协同上海市青浦区、苏州市吴江区开发的长三角生态绿色一体化发展示范区联合河长制信息化平台正式上线,建立了水生态联合监测及数据共享机制,进一步深化跨区域协同治水，共同推进美好环境建设。借力浙江省大通道建设等重大战略机遇，义乌市充分发挥数字、贸易等优势，加强与宁波、舟山、金华、绍兴、衢州等义甬舟开放大通道沿线县（市、区）合作交流，实现数据互联共享，吸引优质资源集聚融合。

三、数字推动绿色发展走在前列

构建绿色低碳循环的现代化经济体系是促进生态文明建设和实现高质量发展的必由之路，浙江省虽然取得了重要成效，但在"降能耗化""去污染化"和"价值转化"三大领域仍面临较大挑战。县域乘着"数字化"的东风在实现绿色发展上做出大胆的尝试和突破。如德清县集成"河长制"平台、公众护水平台、水行德清、河湖健康体检等系统，整合升级为水环境管理"一张图"2.0版，建立河道健康状况动态智能反应机制，并设立"公众护水基金"，以生态绿币的形式奖励护水突出个人，发放护水产品生态绿币贷，推进生态环境走向"智慧治理"；长兴县以"一码"推动"双碳"新征程，依托电力大数据平台，集成区域、企业生产经营能耗数据，形成"能源碳效码"，让企业能效水平一"码"了然，通过数据梳理和分析研判，打造碳效综合服务平台，形成以碳效评价提升、促绿色发展的激励机制和服务模式，助力企业减碳增效、转型升级，创新数字化"双碳"管理平台；遂昌县开展生态产品总值(GEP)核算、AI Earth 遂昌茶园智慧农事两大生态产品价值应用，扎实推动生态产品价值实现机制，以"天工之城数字绿谷"为契机，推动"数字化下沉"与乡村建设场景相结合，进一步激活生态的价值，开设"两山银行"，成立"两山公司"，完善绿色金融支撑体系，疏通生态价值转化数字化渠道。

四、数字助力开放发展亮点突出

县域作为全省开放发展的重要组成，利用数字技术、数字手段积极探索开放新模式新路径。特别是面对突如其来的新冠肺炎疫情，在外贸骤然"遇冷"的情况下，各县充分发挥数字优势，迅速创新开放发展的新模式新业态，构建起内联外通的网上开放新通道，通过数字智慧赋能与世界建立起全新"链接"。通过数字化"人、货、场"叠加的 B2B 直播、短视频、3D 逛展等模式创新，把受疫情阻隔的"面对面"跨境交易变成了"屏对屏"，助力全省完成跨境网络零售出口额 1023 亿元，各个县域数字化带动开放发展成效显著。县域跨境电商发展迅速，如义乌市作为开放强县，2020 年跨境电商交易额达到 870.88 亿元，占外贸进出口总额的 27.8%，已成为拉动义乌外贸增长的关键动力。数字港口建设提升县域开放水平，如北仑区作为宁波舟山港的核心区块，大力发展数字化开放港口，建立"互联网＋港航服务"平台，推动海上丝路航运大数据中心建设，推出"海上丝绸之路"指数体系产品，提升浙江港口集群航运服务影响力。数字化凝聚海外浙商力量，如青田县作为著名侨乡，为促进华侨回归、提升为侨服务水平，创新推出全球数字"人才地图"智选引才场景和"数智侨务"应用场景，打造了集涉侨跨境审批、跨境调节、远程应急指挥、远程教育培训等于一体的"侨海通"综合性跨境服务平台。

五、数字带动共享发展示范引领

在数字化改革的牵引下，县域经济社会治理更加充分体现以人民为中心，向着共建共治共享趋势发展，遵循顶层设计和基层探索双向发力的改革规律，形成全省总动员、全社会齐发动，"处处是推动发展的发动机、一起点火推动改革"的生动局面。探索形成整体智治县域治理新模式，如德清的"一图一端一中心"、建德的"一网一云四系统"、萧山的"钉管家"、平湖的"善治宝"等数字化治理平台建设，加快构建以民主参与、集体协作、自我调节为特征的共享型网络社会。围绕教育、就业、养老、医疗、救助等领域，各县市区积极探索"一件事"集成协同场景，如江北的"乐学江北"、龙湾的"智慧卫监"云平台、萧山的"健康大脑＋智慧医院"、兰溪的老年群体"关爱地图"等，以数字化技术带动实现各类优质资源整合利用，为县域提供高品质公共服务。

第二节　数字赋能县域高质量发展重要启示

一、以真实需求为导向，捕捉发展所需、群众所盼

数字化改革是顺应"万物互联"的时代新要求，运用数字化技术、数字化思维、数字化认知对省域治理的体制机制、组织架构、方式流程、手段工具进行全方位、系统性重塑的积极实践。有别于传统体制机制改革"自上而下"的思路模式，数字化改革综合借鉴"用户思维、流量思维、平台思维、跨界思维"等互联网思维模式，形成双向化、扁平化、整体化的改革新思路。推进数字化改革，关键在于不断提升数字赋能改革的内生性，就是要以用户需求为导向，时刻把群众满意度、幸福感作为推进数字化改革的出发点和落脚点，从解决县域治理现代化的难点、痛点、堵点出发，有效解决人性化设计不足、业务流程不够优化等问题，利用数字化手段引导人民群众成为政府决策的参与者，推动县域治理向着共建共治共享趋势发展。

二、以内部协同为支撑，推动条抓块统、流程再造

数字化改革聚焦系统融合、综合集成，以场景化的多业务协同应用为抓手，用数字技术打通部门、系统、地域、层级的"界限"，从根本上解决内外融合、上下对接等难题，实现了从点到面、从部门分割到整体协同的螺旋式上升。为此，在推进县域发展数字赋能过程中，要以数字空间为载体，梳理重塑业务流程，建立一系列跨地区、跨部门、跨层级的协同工作平台和相应的管理机制，实现县域经济发展、社会治理、综合执法、便民服务等数据及应用功能有效对接，最大限度提升政府行政和治理效能。

三、以数据资源为基础，实现开放共享、价值提升

数据是县域数字化发展最关键、最核心的要素。数据资源的配置效率和

挖掘潜力，对于激发社会创新能力具有至关重要的作用。为此，县域数字化改革要打通纵向横向基础数据流，用规制创新实现数据共享、用场景开放激活数据价值，实现数字化基础设施一体化建设、智慧应用一体化建管、公共数据一体化共享开放以及数据和网络安全一体化防护。同时，要进一步健全完善数据治理机制，建立起从数据产生到销毁的全生命周期管理体系，以数据的可信可用可靠推动数字经济创新发展。

四、以制度创新为保障，健全治理体系、政策配套

推进数字化改革，制度创新和技术创新要齐头并进。通过制度创新将技术创新应用成果上升到理论层面，最大限度激发技术创新的活力，为创新成果提供规程保障，实现技术创新与制度建设的良性互动。为此，在县域数字化改革过程中，要坚持从技术革新到业务创新、从管理创新到体制机制创新，建立螺旋迭代的变革体系。在推进数字化项目过程中，注重配套标准化运行机制，如数据采集、信息流转、流程重塑、分析评价、风险管理等机制。同时，以实打实的督考为新技术推广应用保驾护航，为数字化改革的可持续提供制度支撑。

五、以共治共享为目标，促进多方参与、场景共建

数字化改革的特点之一是非竞争性，即数字平台和信息技术都具有开源开放的特征属性，各地可共享，规模越大边际成本越低，形成政府、企业、社会各方主体参与、协同共建。县域数字化发展通过政府引导创新和政策配套，积极探索政府、企业、社会科研机构合力创造丰富而有效的治理场景和路径。在线双向互动、多元协同治理已经成为县域数字治理的重要方向，通过设置数字模块化的民情反馈、书记信箱、村民群等畅通民意，推动县域治理公开、公正、透明，促进全民参与共治，推进县域形成以数据驱动、平台支撑、场景应用、人机协同、多方共建为主要特征的共治共享新格局。

专题篇

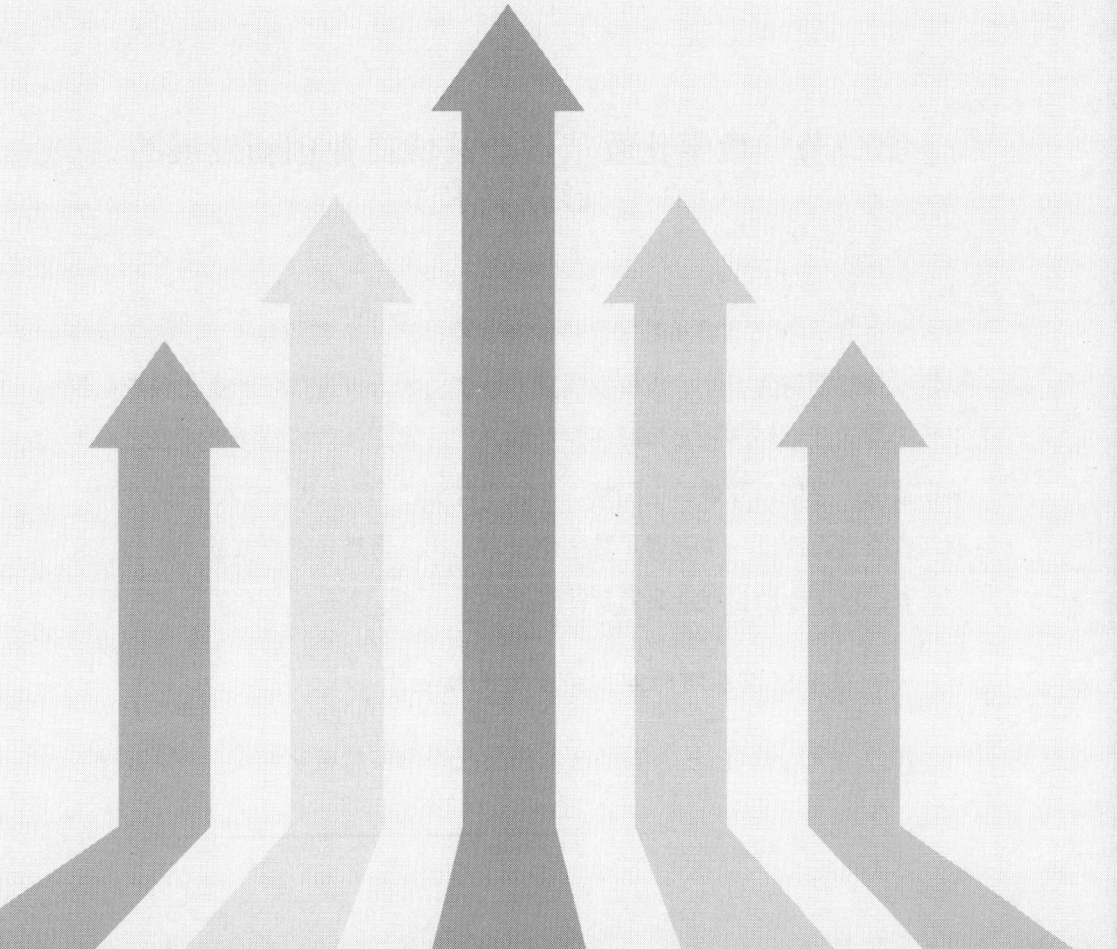

第四章
数字赋能浙江县域产业创新发展探索与展望

产业兴则县域兴。产业是县域经济发展的主要支撑,深化数字化改革,以数字赋能县域经济创新发展,动力在产业,潜力在产业,突破口也在产业。面对疫情防控和经济发展的新形势、新要求,浙江省抢抓数字化改革机遇,创新发展思路,通过数字赋能县域产业创新发展,加速推动新旧动能转换,不断激发起全省产业发展的新活力,确保浙江县域经济继续走在全国前列。

第一节 数字化改革推动县域产业创新发展的形势要求

2020年,浙江省县域数字经济发展全面推进,全省各县(市、区)坚持以数字科技创新为引领,积极发展数字经济,大力推进数字产业化和产业数字化,推动数字经济和实体经济深度融合,数字赋能效应持续释放,已成为浙江县域产业创新发展的主引擎。在数字经济"一号工程"深入推进的同时,浙江省委省政府进一步部署了数字化改革工作,将进一步释放数字红利、改革红利,加速推动县域产业创新发展。

一、数字化改革对产业创新发展的新要求

2017年12月,浙江省委经济工作会议提出实施数字经济"一号工程",

第四章　数字赋能浙江县域产业创新发展探索与展望

全面推进经济数字化转型，积极争创国家数字经济示范省。2019年10月20日，国家发展改革委、中央网信办组织召开国家数字经济创新发展试验区启动会，将浙江省列入"国家数字经济创新发展试验区"。2021年初，浙江省委省政府提出部署数字化改革工作，将其作为新发展阶段全面深化改革的总抓手。从改革重点看，主要聚焦党政机关、数字政府、数字经济、数字社会、数字法治五大方面，其中，数字经济综合应用对县域产业创新发展提出了新的要求，重点提出以"产业大脑+未来工厂"为核心业务场景，围绕科技创新和产业创新双联动，以工业领域为突破口，兼顾科技创新、数字贸易等领域应用，以数据供应链为纽带，推动全要素、全产业链、全价值链全面连接，实现经济高质量发展。

二、数字产业化发展引领全国

2020年，全省各县（市、区）规上数字经济核心产业收入总计达22312.9亿元，同比增长12.9%，高出规模以上工业10.9个百分点。新一代信息技术产业增加值增长21%，高出全省战略性新兴产业10.3个百分点，对全省战略性新兴产业贡献率达44.9%。具体到县（市、区）层面，县域数字产业化创新各具特色，整体发展水平走在全国前列。如滨江区数字安防产业国际领先，云计算产业具有先发优势，阿里云市场占有率亚洲第一、全球第四；余杭区人工智能、虚拟现实等前沿产业发展初显成效，积极谋划发展生命科学、量子技术、5G商用技术等未来产业；德清初步形成以地理信息为特色，电子元器件、磁性材料、电线电缆等为代表的数字经济产业体系，并积极谋划发展人工智能等未来前沿产业，获批建设国家新一代人工智能创新发展试验区。

三、产业数字化转型全国示范

1. 数字赋能构筑县域智能制造升级新高地

2020年，全省各县（市、区）以"5G+工业互联网"为抓手，加速传统制造业的智能化、数字化改造，实现新增应用工业机器人2.2万台，截至年底，工业机器人累计达11.1万台，"机器换人"带动智能制造扎实推进。全省各县（市、区）深入推进智能制造新模式，总计认定省级智能工厂（数字化车间）149家，培育"未来工厂"12家，并在余杭、鄞州、慈溪、德清、嘉善、新昌等县（市、区）打造36个产业集群（区域）试点，不断推动县域智能制造取得新突破。在数字赋能的牵引下，2020年全省各县（市、区）规模以上工业增加值增长5.4%，运行质量好于全国总体水平、领跑东部各省，顺利实现"全年赢"目标。

2. 数字赋能树立县域农业农村发展新标杆

2020年，浙江省各县（市、区）数字农业农村发展总体水平为68.8%，高出全国平均水平32.8个百分点，其中，德清、临安、苍南、鄞州等20个县（市、区）获评"2020全国县域数字农业农村发展先进县"，充分展现浙江省县域数字赋能农业农村最新成就。此外，浙江省各县（市、区）发挥特色，培育浦江葡萄超级农场、桐乡杭白菊全产业链数字管理系统、永康"浙样施"智慧施肥、安吉"浙农码"、瑞安数字畜牧等数字乡村建设应用场景98个，县域农业农村数字技术和智能装备与农业生产、乡村治理实现深度融合，数字赋能在农业农村的各方面都有所体现。

3. 数字赋能开拓县域现代服务业成长新蓝海

2020年，浙江省数字赋能引领县域服务业发展效应持续凸显，服务业发展质效不断提升，其中，余杭电子商务、移动支付、智慧物流领跑全国；鄞州、余姚、乐清、吴兴、秀洲、柯桥等多个地区入选省级先进制造业和现代服务业融合发展试点单位。此外，各县（市、区）数字生活新服务持续推动数字赋能服务业走向深入，2020年全省数字生活新服务总指数增速高达32.4%，数字学习、数字出行、数字文旅、数字健康、数字政务等生活性服务业场景应用持续拓展，"互联网+"新业态新模式加速涌现，其中，上城区、萧山区、桐庐县等20个县（市、区）获评数字生活新服务样板县（表4-1）。

第四章 数字赋能浙江县域产业创新发展探索与展望

表4-1 2020年浙江省数字生活新服务样板县名单

地市	县（市、区）
杭州市	上城区、萧山区、桐庐县
温州市	瓯海区、瑞安市
湖州市	吴兴区、南浔区、德清县、安吉县
嘉兴市	嘉善县、桐乡市
绍兴市	诸暨市
金华市	浦江县
衢州市	衢江区、江山市、常山县
台州市	椒江区、仙居县
丽水市	莲都区、遂昌县

四、创新策源能力持续提升

2020年，浙江各县（市、区）数字创新能力显著提升，全省各县（市、区）累计有高新技术企业22158家，全年R&D投入占生产总值比重为2.8%，其中，R&D投入占比超过3%的县（市、区）达17个；全社会申请专利53.1万件，获专利授权39.2万件，有力支撑县域产业创新发展。"两市两县两区"（杭州、嘉兴、新昌、长兴、滨江、余杭）全面创新改革试验成效明显，其中，新昌县域数字经济核心产业制造业增加值增速达9.7%，入选浙江省数字经济创新发展试验区名单，被工信部授予"全国中小企业数字经济发展示范区"称号，新昌创新模式成为浙江县域创新的典型代表。在《小康》杂志评出的"2020年中国县域科技创新百佳县市"中，浙江占19席，位列全国第二（图4-1），其中，杭州余杭、绍兴柯桥分别位居全国科技创新百佳县的第2和第6，充分展现了浙江县域的创新成效。长兴县、新昌县、慈溪市、乐清市、安吉县获批国家创新型县（市），浙江获评总数全国第一，县域创新策源优势持续显现。

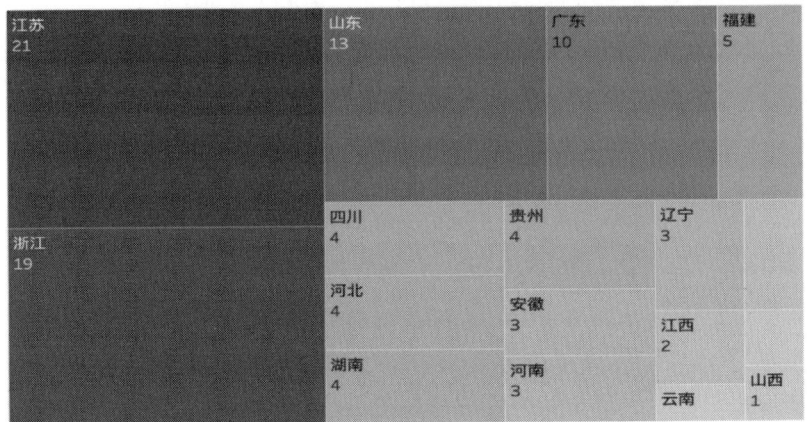

图4-1　2020年中国县域科技创新百佳县市各省数量分布情况

第二节　数字赋能县域产业创新发展的"四方面"实践探索

随着数字经济"一号工程"的持续深入推进，以及数字化改革的全方位撬动，数字赋能已成为引领推动全省各县（市、区）产业创新发展的重要引擎，制造业、服务业、农业和要素资源流转等领域数字化进程不断加速，涌现出一批新业态新模式，极大促进了浙江县域产业创新发展。

一、数字赋能引领浙江县域制造业创新

制造业历来是浙江的立省之本、强省之基。随着数字化浪潮与"互联网+"思维的兴起，产业数字化不断向纵深推进。近年来，浙江省各县（市、区）正通过开展数字化技术改造、挖掘数字化应用新场景等手段，加速数字赋能制造业创新的脚步，逐步实现从机器换人、智能化改造、企业上云到未来工厂、工业互联网等方向梯度推进、层层深化，推动县域数字赋能制造业创新发展取得新突破。

1. "未来工厂"探索数字赋能制造业创新发展

富阳市政府与浙江大华技术股份有限公司的合作，不仅意味着富阳大华未来工厂这一数字赋能引领性平台正式落户富阳，更代表着富阳大踏步推动制造业向数字化转型迈进。富阳大华未来工厂实践探索的主要经验包括：一是锚定智能制造方向，提升制造效能。富阳大华未来工厂采用先进智能制造设备，通过搭建信息化平台，全面实现车间可视化、智能化、生产自动化、测试无人化和全过程工艺质量管控；此外，通过大华视觉、AGV智能机器人与智能仓储系统的互相协作，不断提升产品质量。二是挖掘数字赋能潜力，联通产业链上下游。富阳大华未来工厂以智能安防智慧物联工业互联网平台为依托，联动产业链上下游主体，链接全球近千家供应商，实现供应链上下

游的高效协同,打造出"智慧生产、智慧园区、智慧物流"的全新发展模式,推动制造业加快数字化整合,提升产业链数字化程度,实现产业链的数字赋能。

2. "工业互联网"探索数字赋能制造业创新发展

新昌于2017年下半年在轴承行业启动智能制造"百企提升"行动,如今已有超1000家中小轴承企业、2万余台设备接入"轴承云",形成了"企业数字化制造、行业平台化服务"的数字赋能制造业"新昌模式"。新昌轴承产业工业互联网实践探索的主要经验包括:一是建立线上一体化平台,有序有限开放数据资源。"轴承行业原材料集采平台"通过整合行业企业信息流、资金流和业务流的"三流合一",实现贸易额评估、企业画像、信用体系建设、原材料供应交付、业务资金流转结算等平台化业务监控,促进企业在数字化供应链平台开展贸易服务,有效巩固了轴承产业竞争力。二是主要行业全覆盖,分层次有序推进制造业数字化。在轴承行业,新昌先选取4家企业试点,取得预期成效后,加快深化轴承行业数字化改造并力求实现行业全覆盖。此外,在机械行业,新昌全面铺开数字化改造工作,在胶囊行业,新昌已完成试点,并初步达到预期目标,将在全县胶囊企业全面推广。

3. "虚拟产业园"探索数字赋能制造业创新发展

乌镇虚拟产业园自成立以来,通过互联网技术为入驻企业提供各类相关服务,以线上生产力链接助推线下制造业数字化发展,实现制造业"云升级"。截至目前,乌镇虚拟产业园招商入驻企业达395家。乌镇虚拟产业园实践探索的主要经验包括:一是数字技术链接产业主体,挖掘生产要素价格优势。相较于传统产业园区,乌镇虚拟产业园通过打破传统的物理边界,对注册企业不限制生产经营区域,给予同等优惠政策和配套服务,充分挖掘不同区域的生产要素价格优势,以数字手段压缩生产成本,推动制造业效能不断提高。二是全方位配套,提供一站式数字技术服务。乌镇虚拟产业园除了为入驻的企业提供传统产业园区具备的政务服务和专业服务外,还能提供安全、稳定、快速和优惠的云服务,并以技术入股或低于市场价格的方式为入

第四章 数字赋能浙江县域产业创新发展探索与展望

驻企业提供平台系统搭建、App开发、网站开发等技术开发服务,以一站式数字技术服务激发起制造业的数字化浪潮。

4."智能网联汽车"探索数字赋能制造业创新发展

德清乘着首届联合国世界地理信息大会的东风,通过打造全国首个全域城市级自动驾驶与智慧出行示范区,大力推动智能网联汽车的发展来实现数字赋能制造业。德清智能网联汽车实践探索的主要经验包括:一是以示范应用带动产业主体集聚。德清高度重视智能网联汽车的应用场景发掘,形成了完备的"封闭测试区-开放测试道路-虚拟测试场"三层测试验证能力。此外,通过建设LTE-V网络、5G基站、卫星地面增强站等基础设施,设立城市数字空间和全域高精度地图,吸引了吉利、中通快递、德邦等30多家车企。二是坚持发展核心环节以推动产业成长。德清充分发挥地理信息产业优势和现有重点企业技术优势,着力发展实时高精度融合定位、动态三维地图采集、基于边缘计算的数字地图分发、L3/L4级别自动驾驶、车联网通信模块、车载智能传感器等技术,加快推进产业化过程,打造高技术壁垒的产业"护城河"。

二、数字赋能引领浙江服务业创新

随着知识经济的发展,知识密集型的生产性服务业,正在成为企业提高劳动生产率和货物商品竞争能力的关键投入,更能成为企业差异化发展、产品阶跃式增值的催化剂。近年来,在数字经济的引领和推动下,浙江省各县(市、区)数字经济核心产业中,服务业新业态新模式加速涌现,新零售、移动支付、金融科技、跨境电商、在线经济等蓬勃发展,数字赋能服务业创新发展作用明显。

1."直播电商"探索数字赋能服务业创新发展

海宁中国皮革城一直是海宁的城市地标,随着数字化浪潮袭来,海宁皮革城建立电商平台、试水直播带货,在不断探索中走出了自己的产业数字赋能之路,最终通过牵手阿里云,实现了皮革城的系统化数字化改造。海宁皮革城实践探索的主要经验包括：一是对接龙头企业资源优势，系统布局数字化改造。早在2018年，海宁皮革城就开始谋划线上业务，由于新冠肺炎疫情的冲击，其将零敲碎打的局部性探索转变为与阿里云合作建立"云市场"，拓宽销售渠道，并计划在支付方式上做出更多探索。二是坚持线上线下结合，实现服务业态良性循环。线下通过对停车场、商城、客流、会员的全面数字化，实现线下客群数字化沉淀，为深度运营线下客群提供基础；线上建立海宁皮革城品牌背书和品控管理的运营阵地，既可规模化地解决线上商家小、散、乱、差等问题，也可帮助商家及时跟进新模式。

2."智慧物流"探索数字赋能服务业创新发展

秀洲区位于长三角的枢纽地带，区位优势明显，通过发挥"互联网+"的技术优势，秀洲建立智慧物流小镇，实现了涵盖物流信息科技、供应链集成管理、智能仓储物流、智慧物流装备、数字化展示等领域的智慧物流生态。秀洲智慧物流产业实践探索的主要经验包括：一是云平台升级助力产业发展。作为嘉兴现代物流园的智慧物流云平台，应用下一代互联网IPv6智能交换中心，使得互联网地址资源非常充足，有力保障了实施"互联网+"战略的信息安全，为秀洲智慧物流搭起了"安全屋"。二是高端技术与企业引领生态建立。秀洲通过打造嘉兴物流科技产业园和现代物流公共信息服务平台，规划建设金鹏智慧公路港，不断强化科技支撑作用。此外，瞄准物流领域引进上海百联、德国DHL等世界500强企业5家，区域型总部基地10家，带动集聚上下游企业200多家，形成了供应链管理、快递业、电子商务、高端仓储、区域配送、第三方物流和第四方智慧物流等主导产业。

3."数字文旅"探索数字赋能服务业创新发展

嘉善属于典型的江南水乡，境内旅游资源丰富。近年来，嘉善以智慧文旅为牵引，深入推动数字赋能文旅领域，全域智慧旅游平台被列为省级旅游信息化重点示范项目，"智慧"在嘉善文旅中的作用逐渐显现。嘉善文旅产业实践探索的主要经验包括：一是革新资源"供应链"，构建智慧文旅数据中枢。嘉善基于政务"一朵云"与浙江省文化和旅游厅"诗画浙江·文化和旅游

第四章 数字赋能浙江县域产业创新发展探索与展望

信息服务平台"相关功能,对接公安、交通、气象等8个数据内容及服务,构建了以智慧文旅为数据中枢的数据治理体系,推动文化和旅游的资源整合、数据融合及信息化、数字化协同发展。二是提升服务"获得感",推动普惠共享提档升级。通过推动跨区域旅游公共服务资源共享、服务共建,依托省级"浙里好玩"平台的资源基础和业务架构精准推送文旅产品,形成线上和线下相结合、现实和虚拟相融合的服务新格局,不断提高群众参与公共文化服务的便捷性和公共服务文化供给的精准性。

三、数字赋能引领浙江农业创新

党的十八大以来,党中央、国务院高度重视数字乡村建设。党的十九届五中全会明确提出要建设智慧农业,为数字技术全面服务乡村振兴指明了方向。近年来,在数字乡村建设的指引下,浙江省各县(市、区)采取了农村电商、智慧农业、无人农村等众多创新举措,有效缩小了城乡差距,在数字赋能引领县域农业创新方面取得了显著成效。

1."农村电商"探索数字赋能农业创新发展

江山通过数字赋能农业创新发展,探索农村电商实践路径,推动农业农村工作取得新突破,2018年度获评全国县域数字农业农村发展水平评价先进县。江山农村电商实践探索的主要经验包括:一是培育集群化的示范带动体系。江山市鼓励企业做大网络零售总量,对销售农特产品的电商企业按采购额给予补助,3年来成功培育销售额超亿元的农产品电商企业1家,五千万元以上的3家,千万元以上的24家,引进亿元级优质电商总部项目8个。通过发挥龙头企业的示范引领作用,江山不断拓宽农村电商覆盖面。二是探索电商精准助农兴农模式。江山市推动龙头电商企业与沐川贫困村建立帮扶结对关系,依托"沐品进江"展示馆和消费扶贫"小凉山"(沐川)旗舰店,销售沐川特色农副产品,将消费扶贫纳入"万企帮万村"精准扶贫行动,促进沐川农特产品销售,并不断播撒农村电商理念,促进农村电商规模日益扩大。

2. "智慧农业"探索数字赋能农业创新发展

乡村振兴战略下,瑞安曹村通过以数字赋能农业,推动以人工智能技术(AI)为手段,结合大数据、云计算、5G应用等现代科技助力农业生产,全力打造的浙江首个5G+智慧农业项目,开启了智能农业新时代。瑞安智慧农业实践探索的主要经验包括:一是以数字技术助力,打造农业生产新模式。曹村利用智能物联网技术、智能传感器技术等,变"看天种田"为"看屏幕看数据种田";利用大数据、云计算、人工智能技术,建立水稻种植全过程的智能管理与决策系统;利用5G通信、物联网和卫星导航技术等高科技,指挥无人机、田间作业机器人等新型智能农机进行巡田等农事作业。二是打造研学网红地标,让农村不止于农业。自启动智慧农业建设以来,曹村进行特色凝练、景观再造、主题重构,并以数字化推动农业产业转型、升级、跨越,提升农村人居环境。此外,还制定了一条研学路线,串联起曹村镇的历史底蕴、文化特色和智慧农业,带来旅游人气和乡村发展。

3. "无人农场"探索数字赋能农业创新发展

慈溪作为全国数字乡村首批试点地区和全省数字乡村改革试点县,大力推动无人农场建设,实现农业自动化、智能化高质高效发展,为数字赋能农业发展探索了一条新路子。慈溪无人农场实践探索的主要经验包括:一是引进高端人才队伍,实现技术本土化改造。慈溪正大无人农场中,运用了大量的高科技设备,包括无人拖拉机、飞防"精灵"无人机等,在这些设备中,无人驾驶拖拉机、直播机等大多由引进者罗锡文院士和他的团队进行本土化改造,以更适应慈溪正大无人农场的土地和环境需求。二是引导社会、民众自发投资。慈溪正大无人智慧农场是引进正大集团参与的投资项目,社会资本的加入,带来了充足的资金资源,使得无人农场的建设能够更加高效有序。此外,慈溪政府对于无人农场和智慧农业的政策坚实有力,吸引了许多创业者加入高科技、全自动的农业生产中,撬动了大量的社会资本投入,充分带动了无人农场的发展。

第四章　数字赋能浙江县域产业创新发展探索与展望

四、数字赋能引领浙江要素配置创新

资源要素的高效配置是实现经济可持续发展和高质量发展建设共同富裕示范区的必然要求。随着数字时代的深入发展,利用数据资源对市场的分析研判,对要素流动的大数据预测是要素配置创新的重要途径。近年来,浙江省各县(市、区)都高度重视数据资源在要素配置中的重要作用,大力推进要素配置的数字化应用,在数字赋能引领县域要素配置创新方面取得了不少经验。

1. "亩均效益改革"探索数字赋能要素配置创新发展

萧山区传统工业实力强劲,但曾面临亩均产出水平低、新增项目落地难、固有存量保有难的困境。为盘活存量用地,萧山区以数字赋能,纵深推进亩均效益改革,加快推动制造业高质量发展,夯实共同富裕的产业基础。萧山亩均效益改革实践探索的主要经验包括:一是以数据为基础,建好低效整治"驾驶舱"。萧山以"亩均论英雄"大数据平台为基础,搭建低效企业整治提升数字化平台,多跨归集共计10万余条数据项,并以可视化方式做到"工业全域治理一张图",并对"亩均论英雄"业务流程进行再造,实现用数据说话、用数据管理、用数据考核。二是以改革为突破口,打好数字治理"组合拳"。萧山鼓励企业专精特新发展,加速产业数字化智能化绿色化转型,如吉华集团将红山农场的存量土地及旧厂房改建为"吉华创新园"。此外,萧山还在"亩均论英雄"应用场景中搭建低效整治模块,实现现状监测、过程监管、效果监督的治理闭环,不断强化政府数字治理能力。

2. "人才码"应用探索数字赋能要素配置创新发展

嘉兴高度重视以数字赋能人才的引进和服务,近年来利用领先的数字化基础设施和丰富的数字化实践经验,通过嘉兴南湖人才码应用,在引进人才和服务人才方面成效显著。嘉兴南湖人才码实践探索的主要经验包括:一是夯实人才资源"大数据"。嘉兴构建了"比对抓取、自动验证"为主,"自主填报、人工核对"为辅的数据采集、核验和归集机制,综合集成了23家市级部门（单位）和各县（市、区）的人才数据资源，同时，还不断推动人才基础数据"往线上跑"，进一步撑大人才数据库。二是持续迭代满足人才新需求。在"浙里办"App 上线的嘉兴人才码经历了多次迭代升级，横向上，实现了与嘉兴电子社保码的"两码融合"，功能、应用场景和使用体验大幅跃升；纵向上实现了市县联动，各县（市、区）人才码均纳入"市人才服务地图"板块。此外，还开设了"智能秒认"功能，在嘉兴参保的大学生，无须提供相关材料，1分钟即可领取人才码，更好地提升人才码的体验感。

3. 金融要素数字化探索数字赋能要素配置创新发展

路桥区在用数"智"拼未来的赛道上，紧抓国家级支持深化民营和小微企业金融服务综合改革试点机遇，以数字赋能金融要素加速流通，推动数字赋能初创期科技企业金融服务试点工作成效显著。路桥数字赋能初创期科技企业金融服务实践探索的主要经验包括：一是挖掘数据资源，科学指导金融服务。路桥充分挖掘浙江省金融综合服务平台、台州市掌上数字金融平台数据资源以及工业互联网服务平台、相关部门、金融机构等线上线下特色数据，对科技企业进行综合量化评分和全方位画像，极大提升了后续帮扶精准度，增加了金融助力孵化的成功率和利用效率。二是"三链"融合，为初创企业破难解忧。路桥探索以"数字＋金融＋科技"为切入点的数字金融"三链融合"，打造"数融通"场景应用，进一步盘活数据、量化"价值"数智金融服务，以科学的评级模型，对企业进行分层分类，匹配政府惠企及培育政策，并引流投融资机构，为精准适配投融资机构提供依据。

4. 知识产权数字化探索数字赋能要素配置创新发展

滨江区积极探索"知识产权一件事"改革，形成了"立足滨江、服务省市、示范全国"的"滨江经验"，为滨江优化营商环境、最大限度释放创新创造活力、支撑经济高质量发展作出了贡献。滨江区"知识产权一件事"改革实践探索的主要经验包括：一是数据互通共享，实现了数字大治理。滨江设立了知识产权行政服务子平台，实现区级审批网上集中办理；创建了知识产权投资运营子平台，实现产权培育、转化和创新创业；创新了知识产权信息公示子平台，发布各类产权资讯。三个互通共享平台提供全流程服务和数字化治理，通过知识产权流转构筑起高新技术培育沃土。二是服务资源数字整合，打造全链条服务体系。滨江成立全国首个物联网产业知识产权联盟，构建专利导航数据库，共同应对海外知识产权风险；成立知识产权图书馆，提供优质技术信息和文献资料，开展专利预警、产权分析评议等研究；设立知识产权巡回审判庭，助力形成知识产权"大保护"框架。

第三节　数字化改革引领县域产业创新发展的未来展望

随着数字化改革进程持续深入，数字经济"一号工程"2.0版持续推进，产业创新主体全面数字化发展、产业创新活动全过程数字化联动、产业创新资源数字化共享、产业创新要素数据化有序流动等特征趋势将进一步呈现。同时，随着数字经济体系的不断完善，县域数据供应链将逐步成型，加速要素、产业链、创新链、价值链的全面链接，特别在"产业大脑+未来工厂"等核心业务场景建设推动下，数字赋能县域产业创新发展的成效将加速显现。

一、创新主体全面数字化转型为县域产业数字化变革奠定基础

随着浙江省数字化改革深入推进，数字车间、智慧工厂、未来工厂等进一步推广普及，数字政府加速建设，企业、高校和科研院所、中介机构、金融机构等主体也将逐步加速数字化发展。在各类主体数字化发展达到一定水平后，相互间的数字化交互将变得更加普遍和频繁，将会逐渐演变形成数字化的产业集群生态，并催生形成一批产业数字化发展的新物种、新模式、新场景，为县域产业数字化变革奠定良好基础。

1. 县域制造业数字化全面推进

浙江省以机器换人为开端，以智能制造为主攻方向，在县（市、区）已形成一批智能化改造示范试点，并在全国率先探索启动"未来工厂"，形成良好推广带动效应。随着数字新基建加快向县域的延伸和覆盖，可以预见，县域企业、工厂、产线、车间的数字化、网络化、智能化将持续快速推进，基于人工智能的智能化生产管理、产品质量控制将逐步在县域相关制造场景应用，5G+工业互联网、协同式生产、虚拟化制造等新模式将加速探索，有

力推动县域制造业的精细化管理以及效率提升。

2. 县域服务业数字化场景加速涌现

随着县域服务业规模占比的提升和数字技术的推广应用，数字赋能将进一步推动县域商贸、物流、旅游、文化、体育等生活性和生产性服务业领域的创新发展，形成一批新消费场景。特别在疫情影响和刺激下，县域生活服务业数字化转型进程明显加快，促使线下经济与线上经济加速融合。可以预见，下一步县域服务业数字化领域将进一步拓宽，从网约车、电商、家政、外卖、快递、房屋中介等"单一服务随需供给"，向在线教育、互联网医疗、远程办公、线上娱乐、智慧旅游、智慧物流等"场景式服务多元化供给"深入拓展，创造了越来越多的数字消费新需求。

3. 县域数字农业发展加速兴起

随着农业农村改革的逐步推进，新型农业经营主体的创新涌现，县域层面农业生产的物联网应用、农产品销售的电子商务带动将进步一步深化扩面，数字农业也将迎来长足发展。下一步在全省"151"工作目标指引下，通过搭建"1"个数字三农协同应用平台，推动农业生产管理、产品流通、行业监管、公共服务和乡村治理"5"大重点领域的数字化技术应用，形成"1"整套工作推进措施，强化农业科技和装备支撑，实现农业生产过程中的自动化运行、管理过程的数智化控制、销售过程的数字化营销。

二、产业创新活动全过程数字化联动，为县域产业跨主体、跨区域协同创新提供支撑

当前产业创新活动数字化主要集中在单个企业、机构内部，工业互联网平台、产业大脑等建设应用尚处于初期探索阶段，尚未很好形成对县域产业集群的赋能和带动作用。随着各类多跨场景的建设推进、迭代更新，可以预见，未来创新创业过程、服务、产品将愈趋实现"虚拟"和"现实"的高效联动发展，促进县域内部企业之间、企业与政府之间、企业与院校之间等跨主体的数字化联动，以及县域之间相关产业链、创新链的数字化联动，从而以

数字化手段突破区域行政壁垒，促进跨行政区创新创业协同的发展。

1. 工业互联网平台应用持续深化

目前浙江省"1+N"工业互联网平台体系初步形成，已连接超5000万台工业设备产品，开发集成各类工业App超3万款，基本覆盖了十大标志性产业链、17个重点传统制造业行业和主要块状经济产业集聚区。从国家、省级层面看，工业互联网平台体系正处于逐步完善阶段，从县域层面看，将重点聚焦核心产业，推进工业互联网平台的做深做实，赋能当地特色产业集群数字化升级，成为当地产业生态的重要新型基础设施和竞争优势。

2. 县域特色产业大脑建设加速探索

浙江省正探索推进产业大脑建设，聚焦重点细分产业领域，由具备相关产业优势的县（市、区）揭榜挂帅推进建设。产业大脑是在细分行业工业互联网平台的基础上实现进一步提升，主要由数据资源体系和应用支撑体系构成。数据资源层面，产业大脑作为产业决策中枢，需要大量的数据汇聚。应用支撑层面，产业大脑根据应用场景和业务协同的需要，构建业务模型和数据模型，实现相关业务系统互联、数据共享、业务协同。探索建设产业大脑，将进一步加强县域特色产业优势，满足量大面广的中小企业数字化转型需求，通过政府侧和产业侧两端发力，推动实现党政机关与企业、社会高效协同，企业与企业、企业与社会高效协同，提升各行业各领域资源的价值和利用效率，推动产业数字化、网络化、智能化升级。

3. 未来工厂建设引领示范

未来工厂是智能工厂理念的落实落地，包括数字孪生应用、智能化生产、智慧化管理、协同化制造、绿色化制造、安全化管控等要素。2020年12月，浙江省发布了首批"未来工厂"名单，共有12家浙江企业和16家"未来工厂"培育企业入选。随着未来工厂标准体系、建设模式的进一步成熟，未来工厂建设模式也将逐步向更多县域复制推广，并与工业互联网、产业大脑等平台协同联动，推动县域制造业要素资源重组、生产流程再造、企业组织重构，成为示范引领制造业数字化、智能化、绿色化转型发展的标杆。

三、创新资源数字化共享为县域突破创新资源约束创造条件

产业创新资源数字化已成为必然趋势,浙江省以及长三角地区均积极搭建大型仪器设备共享平台,推进创新资源的互联互通,各县(市、区)也积极参与仪器设备等硬件资源的数字化进程。可以预见,在硬件设施数字化共享基础上,人才团队、科研活动、知识方法等软性资源数字化赋能、共享化应用也将加速推进,创新券的线上兑付、科研活动协商协同、人才团队线上合作、知识方法模块化共享新兴业态,将为县域突破区位条件、城市能级、资源禀赋等限制创造条件。

1. "块状经济"向"平台经济"迈进

"块状经济"是浙江县域经济发展的特色和重要支撑,以制造业为主的块状经济已占浙江省全部工业的半壁江山。在数字经济时代,"块状经济"同样面临着数字化转型的需求。其中,通过搭建工业互联网平台、物流仓储平台、检验检测平台、共享制造平台直播电商基地等新型数字基础设施,在"块状经济"基础上打造高质量的"平台经济",为企业提供基于数据的供应链服务赋能,将成为县域特色块状经济谋求转型的重要路径。

2. 园区数字化生态加速构建

开发区(园区)是承载县域产业发展的主平台,要在浙江省开发区(园区)整合提升基础上,加快推进园区数字化建设,以大数据、工业互联网等数字化平台为支撑,打通各区块间的"数据孤岛",提升园区管理服务效能。同时,通过园区数字化建设,优化管理机制、营商环境,进一步提高企业服务能力,培育产业发展新动能,形成良性循环的数字化生态。

3. 深化与都市区资源要素的数字化协同

县域经济可积极借助数字技术手段,以区域经济一体化思维,协同都市区的要素资源,实现人才、信息、技术等资源要素的区域协同,逐渐向城市经济、都市经济转型,带动县域经济发展破局。在都市区发展中,县域可主

动谋划区域产业协同，聚焦专业化发展机遇，搭建相关科创飞地、专业化公共服务平台，形成都市区中某个专业领域的产业地标，构建区域级的产业创新共同体，进而以点带面，促进县域全面发展。

四、创新要素数据化有序流动为县域创造数据驱动型产业发展新模式

数据要素正在成为产业创新的新动力，各类创新要素加速数据化转变，并加速形成与之相适应的规则、法律、伦理等数字化治理生态。在此过程中，县域作为巨大的数据要素生产地，以及潜在的消费应用地，积极探索以数据驱动的产业创新发展新模式，形成具有前瞻性的数据生产管理体系和具有县域特色的数据应用场景，将成为未来竞争重点。

1. 产业数据加速汇聚共享

县域可在全省数字化改革"152"整体架构下，通过政务云平台和工业互联网平台搭建，打通产业数据仓和企业数据仓，推动数字经济运行相关公共基础数据、生产要素数据、科技创新数据、消费服务数据、贸易流通数据、供应链数据等融合汇聚，实现政府数据资源、产业数据资源、企业数据资源的互联互通，为产业管理决策、企业发展提供强大的数据基础支撑。

2. 建设一体化数字资源系统

从省级层面，重点打造集聚省市县三级政务应用、云产品、数据和智能化组件工具等数字资源的一体化数字资源系统，实现数字资源跨部门、跨地区、跨层级高效共享、开发利用，为数字化改革提供了有力的技术支撑。从县域层面，将全面融入全省数字资源系统"总账本"，借力实现数字资源的高效汇聚和应用，一定程度上减少重复建设。同时，支持县域优势龙头企业加强供应链上下游整合，推动数据开放与合作，建立互利共赢的共享机制。

3. 创新数据驱动的县域产业发展模式

随着县域数字化改革工作深入推进，以及新型基础设施广泛布局建设，数据汇聚、建模分析、应用开发、资源调度和监测管理等应用场景体系将

第四章　数字赋能浙江县域产业创新发展探索与展望

逐步完善，并培育形成一批数据资源服务供应商，推动数字化改革与产业转型升级深度融合。基于县域产业大脑、多跨场景应用等建设，以数据驱动生产、生活、治理等方式变革将持续加速，并加速无人经济、生产资料共享、虚拟产业集群、数字化治理、共享生活、个体微经济等一批与数字经济时代相适应的新业态新模式涌现。

第五章
数字赋能浙江县域协调发展探索与展望

未来五年内，数字化改革是新发展阶段全面深化改革的总抓手，浙江省将以数字化改革撬动各领域各方面改革。数字化改革可以更加高效地促进基础设施互联互通、公共服务便利共享、要素市场开放互认，创新缩小地区差距的体制机制，为高水平协调发展提供有效支撑；数字化改革可以全面推进智慧城市和数字乡村建设，创新缩小城乡差距的体制机制，形成要素资源城乡双向流动的良性循环。数字化改革将以全面赋能县域治理、新型城镇化、乡村振兴、区域一体化合作等协调发展战略，建立起要素循环畅通的新规则和新机制，从而有助于形成更具活力和竞争力的区域高质量发展模式。

第一节 数字化改革推动县域协调发展的趋势背景

数字化改革推动县域协调发展，是统筹运用数字化技术、数字化思维、数字化认知对县域内部及县域之间协作互动的体制机制、模式方法、手段工具进行全方位、系统性的重塑。浙江历届省委、省政府坚持"跳出浙江发展浙江"的理念，全面落实区域协调发展战略各项任务，充分发挥市场经济活跃、区域发展均衡等优势，按照高质量发展要求，深化改革开放，全面融入长三角一体化发展等国家战略，健全省级重大区域战略联动实施机制，升级山海协作统筹发展机制。近年来，浙江省借力数字化手段，以现实需求为导向，强化区域协调发展制度创新、技术创新，从而促进区域协调发展向更高水平和更高质量迈进，形成了一批具有典型示范意义、可复制可推广的经验。

第五章 数字赋能浙江县域协调发展探索与展望

一、数字化推进区域协调发展的新要求

实施区域协调发展战略是新时代国家重大战略之一，是贯彻新发展理念、建设现代化经济体系的重要组成部分。2018年，《中共中央 国务院关于建立更加有效的区域协调发展新机制的意见》（以下简称《意见》）正式印发实施，要求"坚决破除地区之间利益藩篱和政策壁垒，加快形成统筹有力、竞争有序、绿色协调、共享共赢的区域协调发展新机制"。《意见》指出，要建立区域战略统筹机制、健全市场一体化发展机制、深化区域合作机制、优化区域互助机制、健全区际利益补偿机制、完善基本公共服务均等化机制、创新区域政策调控机制、健全区域发展保障机制。浙江"七山一水两分田"的省情特征，造成了浙江区域之间发展的不平衡。习近平同志在浙江工作期间，提出并实施了"山海协作工程"、新型城市化、城乡一体化、长三角地区一体化等一系列促进区域协调发展的重大战略，使浙江的区域协调发展在全国走在前列。

数字经济的发展，为区域协调发展提供了新的方向和突破口。数字技术可突破地理条件的限制，让欠发达地区通过参与新一代信息技术、金融等高附加值产业建设而获得公平的发展机遇；数字技术可缩短时空距离，通过完善信息物流网络，提高地区间生产要素流动效率，实现合理配置；数字经济发展生成规模庞大的数据资源，数据的流动互通和共享共开发为区域间建设统一市场奠定基础，从而以更强大的合力加速区域整体的高质量发展。

《浙江省数字化改革总体方案》中提出打造新型城镇化应用、乡村振兴应用、区域协调发展应用，在继承各个重大战略内涵和推进举措的基础上，提出其实施的数字化路径和手段，为新时期的区域协调发展注入新的活力。如在新型城镇化方面，通过建设浙江省城镇发展数字化管理平台，以大数据分析构建覆盖更多人群、更加科学精准的城镇服务体系；在乡村振兴方面，通过建设农业农村相关业务系统和核心模块，以大数据分析赋能农产业生产经营、集体经济发展和农户增收等，从而实现农业高质高效、农村宜业宜

居、农民富裕富足。这些数字化赋能区域协调发展的举措，有些已有较好的实践基础，有些将在下一步的发展中重点推进。

二、浙江推进县域协调发展的主要经验

1. 推进山区 26 县跨越式高质量发展

"十三五"期间，浙江 26 个山区县城镇、农村居民收入增速虽然比全省平均分别高出 0.7、0.6 个百分点，但与全国、全省的发展差距依然存在。为推动 26 县实现跨越式高质量发展，浙江聚焦特色、超常举措，制定"1+2+N"政策体系精准发力。其中，"1"即一个总体方案，编制印发《浙江省山区 26 县跨越式高质量发展实施方案（2021—2025 年）》；"2"即进一步加强山海协作、结对帮扶两个指导意见；"N"即"一县一策"和一批专项支持政策，为 26 县量身定制发展方案和支持举措，"一县一策"坚持改革牵引、创新赋能，尤其注重在数字化改革中推动体制机制创新，挖掘动力和自身的特色亮点。基于上述政策体系，浙江统筹资源加大"输血"力度，着力提升 26 县公共服务共享水平、补齐基础设施短板，推动其加快形成自我造血机制、提升内生发展动力，努力把山海协作工程打造成为建设共同富裕示范区的标志性工程。

2. 高水平建设长三角生态绿色一体化发展示范区嘉善片区

聚焦高质量、一体化，推进全省域全方位融入长三角一体化发展是浙江省的重要战略之一。长三角生态绿色一体化发展示范区是实施长三角一体化发展国家战略的核心区域，浙江省坚持举全省之力高水平推进嘉善片区的建设，出台了包括深化改革、要素供给、科技创新、人居环境等四个方面在内的 19 条"硬核"支持举措，并与上海市和江苏省联合制定了 22 条政策措施。同时，浙江省相继印发实施了嘉善片区发展规划以及产业、科创、生态环境、综合交通、水利、文旅等 6 个重点专项规划，作为指导嘉善片区未来发展的重要依据。此外，通过高起点谋划建设祥符荡科创绿谷、临沪高能级智慧产业新区、嘉善未来新城等重大平台和若干重点项目建设，高标准策划系

第五章　数字赋能浙江县域协调发展探索与展望

列重大活动，高协同开展一批制度创新，浙江省以嘉善片区建设为抓手，在省际县域合作领域形成了一批特色亮点经验。

3. 加快建设省内一体化合作先行区

在长三角一体化发展上升为国家战略的背景下，省域一体化是提升区域竞争力的重要抓手。近年来，浙江省积极实施大都市区建设行动，重点之一是加快大都市区一体化、同城化发展，推进杭绍、杭嘉、嘉湖、甬绍、甬舟等省内一体化合作先行区建设。其中，杭黄、杭嘉、杭绍三大合作先行区率先出台建设方案，分别打造以生态旅游、新型城镇化、临空经济一体化为特色的毗邻区块同城化建设典范，也进一步助推了其进入加速实施阶段，更加实质化地推进同城化发展，以典型经验复制推广逐步实现各地由松散合作向紧密同城转变，由局部对接向全域联动转变，由错位竞争向合作协同转变。

4. 创新城乡融合发展体制机制

2004年浙江率先制定实施《浙江省统筹城乡发展、推进城乡一体化纲要》，此后，坚持实施城乡统筹发展战略，持续推进美丽城镇建设、美丽乡村建设、小城市培育、特色小镇创建，深入推进"千村示范、万村整治"和农村综合改革，形成众多城乡协调发展的"金名片"。积极推进"多规合一"试点，探索城乡"一本规划一张蓝图"的创新路径；依托数字化技术推动城市优质教育、医疗、文化等资源向农村延伸覆盖，不断提升城乡公共服务均等化水平；创新村庄经营模式，探索发展行政村抱团联建、股份合作等路径，持续壮大农村集体经济规模；不断完善农村信息基础设施，发展农业电商和乡村旅游，以数字技术拓宽特色农产品销售渠道，通过新媒体宣传推介打造多个具有引爆效应的乡村"网红打卡点"；加快推进农村产权制度创新，德清建立"同权同价、流转顺畅、收益共享"集体经营性建设用地入市制度，义乌建立"1+7+9"宅基地制度体系。2020年浙江省城乡居民收入比为1.96:1，在发展均衡协调性方面全国领先。

第二节 数字赋能城乡区域协调发展实践探索

浙江省各县(市、区)为全面落实区域协调发展战略各项任务,争先进位、揭榜挂帅,在数字赋能县域协调发展领域形成了一批可复制、可推广的典型经验,有力推动浙江省县域城乡治理水平提高、乡村振兴及区域一体化合作。

一、数字化赋能城乡社会治理能力进一步提升

1. 德清县城乡治理"一体化"改革深入推进

充分发挥独有的"地理信息+人工智能"方面的基础优势,将数字技术运用到经济社会发展、基层治理的方方面面,实现了县、镇、村三级数据共享、资源共享,为乡镇精密智治、精细服务探索出了发展新路子。一是探索构建乡村数字治理"135"框架体系,健全"治理直通车"服务长效机制,汇聚各类诉求,加快实现诉求在线直达、服务在线落地、绩效在线评价。二是实现公民全生命周期管理,结合"浙里办"便民服务平台,将涉及群众的"生育一件事""身后一件事"纳入其中,方便群众网上办事,实现公民全生命周期管理。数字化精密治理发现问题更及时、解决问题更精准,加快了全域数字治理试验区建设和县域治理现代化步伐。

2. 吴兴区实现生活垃圾分类治理"无差别城乡"

依托5G技术,该区居民通过人脸识别系统、智能互动场景、易腐垃圾就地处理产肥等先进智能设施,获得了更加精准的生活垃圾分类智能服务。通过张贴垃圾桶芯片,配备智能化收运车和智能化一体机,依托农村生活垃圾分类数字化村级平台,可实时掌握村民的知晓率、参与率及正确率。

3. 三门县"污水治理城乡一体化"模式应用推广

三门启动智慧排水综合平台建设,将原有农污监管平台、农污运维平

台、污水处理厂运行平台、三维城市管网系统等相关平台数据纳入综合平台，结合 NFC、移动 App 应用、GPS 技术与"天地图·三门"地理信息平台，建立了"四套智能系统＋实用多功能模块"，最终实现城乡污水治理专业化、人员管理规范化、运维管理智能化、站点看守无人化、管网检测科技化、管道清淤机械化。

二、数字化赋能乡村振兴

1. 德清、平湖等地乡村产业数字化加快转型

德清、平湖等 25 个县（市、区）筹措安排 28 亿元，分年落实支持乡村产业数字化发展。西湖龙井茶、浦江葡萄、德清早园笋、桐乡杭白菊等 50 个单品种启动全产业链数字化管理系统建设，设施智能大棚、温室环境自动控制、肥药精准施用、病虫害智能监测、农用无人机作业等大范围应用。余杭、余姚、永嘉等 20 个县（市、区）启动实施"互联网＋"农产品出村进城工程，"网上农博"平台建设顺利推进，培育了一批具有较强竞争力的县级农产品产业化运营主体和农产品品牌。

2. 德清数字乡村建设标准体系初步确立

德清县以时空地理信息云平台为空间数据基底，在大数据、云计算、人工智能等智能技术的驱动下，全省范围内率先构建全域覆盖的"数字乡村一张图"智治模式，并正式实施《"数字乡村一张图"数字化平台建设规范》和《乡村数字化治理指南》两项县级地方标准规范。4 月 16 日，《数字乡村标准体系建设指南》发布会暨数字乡村产业发展联盟成立仪式在浙江慈溪举行，指南详细介绍了相关通用规则，数字乡村标准体系建设所需基础设施、核心技术、数据资源、应用场景，还对评价改进机制进行了细致说明。

3. 江北区乡村数字化监管服务健全完善

宁波江北甬江街道外漕村针对农村集体资产存在的底数不清、台账不完整、资金使用欠规范等问题，逐步将农村集体所有资源、资产、资金从账上搬到网上，建成农村集体经济数字管理系统。目前该系统已成为集村级"三

资"登记、合同管理、"银村直付"、资金管理、风险预警等功能于一体的较为成熟的数字化管理系统，倒逼各村规范经营与管理。政务服务方面，全省以"浙政钉""浙里办"为载体，将与农民生产生活密切相关的所有事项都搬到网上，截至2020年底，135项涉农公共服务事项实现网上办，省本级线上受理率100%，平均审批时间缩短至4.3个工作日，部分实现秒办，大幅提升农民的获得感。

三、数字化赋能区域一体化合作

1. 嘉善以开放共享数据倒逼治理方式变革

嘉善政务服务的数字化改革从浙江迈向长三角，为在更大范围内建设整体智治的整体政府提供了改革方法论。一是政产学研合作打造数字化转型生态圈。嘉善在加强数据资源规范管理的基础上，与阿里云计算有限公司、北京助新科技服务有限公司等企业和华东勘测设计研究院、中科院上海微系统与信息技术研究所等研究机构合作，共同推动数字技术创新应用，集成企业技术优势和研究机构的理论优势，更好支撑政府数字化转型。二是有序开放共享提升数据价值。嘉善深度对接嘉兴市公共数据平台，按照数据目录化、目录全局化、全局动态化的标准，提高数据共享接口调用量、调用成效、应用对接数和授权数据量。

2. 嘉善、青浦、吴江突破行政壁垒，推动政务服务集成

2019年，嘉善与青浦、吴江建立了长三角一体化政务服务联动机制，通过常态化交流会商，以市场主体准入作为主要切入点，协同推进示范区"一网通办"标准、运行模式规范化和政务服务便民化建设。一是依托长三角政务服务"一网通办"平台，以当前三省一市通办事项清单为基础，接入示范区层面三地通办事项。二是示范区也打通了与周边地区的数据壁垒，实现了在示范区自助终端上可办理上海市金山区、湖州市南浔区和嘉兴市所属各县（市、区）的政务服务事项。

第三节　数字化改革推动县域协调发展的有效路径

新时期，聚焦浙江省数字化赋能协调发展短板问题，结合社会经济发展新趋势新特征，围绕数字乡村建设、新型城镇化发展和县域合作数字化路径探索，谋划提出路径举措，以增强农村内生发展动力、助力城乡融合发展、推动山海高质量协作。

一、推进数字乡村建设，增强农村内生发展动力

1. 尽快健全"一张网"全感知的硬软件基础设施

加大财政投入力度，补齐农村地区5G基站建设、智能化生产作业装备、农业专用传感器配置等短板，完善新一代信息基础设施建设。针对乡村水利、公路、电力、燃气、通信等生产生活性基础设施，利用物联网、互联网、大数据、云计算、人工智能、区块链等新一代信息技术，加快推动乡村传统基础设施数字化改造。整合交通、邮政、商务、农业农村等部门现有资源，推进农产品仓储保鲜冷链物流智慧基础设施建设，打通农产品出村进城"最先一公里"和"最后一公里"。

2. 以突破各部门、各行业"数据壁垒"为抓手，不断深化场景应用

重点聚焦农产品全产业链大数据、农业农村基础数据资源体系建设，建立"纵横交错、条块结合"的综合协同应用平台，推动完善全链条数据共享机制。依托全省统一的数字化工具箱，开发一批符合农业农村特点的通用组件和支撑应用，打造集生产管理、流通营销、行业监管、公共服务、乡村治理等五大领域核心业务的一站式服务平台。

3. 大力培育适合新产业、新业态发展的数字化复合型人才

针对乡村人才资源短缺的问题，重点关注直播电商等新产业新业态，实施新型职业农民培育工程，大幅提升农民信息化运用素养和数字化技能，培

养造就一支爱农业、懂技术、善经营的新型职业农民队伍。充分调动农民的主动性和积极性，多渠道、多形式地推动他们广泛参与数字乡村建设，更好地助力农产品销售、助推乡村振兴。

二、以数字化促进新型城镇化，助力城乡融合发展

1. 促进数字产业与传统产业的城乡协同联动

促进城乡产业结构的优势互补，一方面，实现特色农产品、农地与旅游业等三产融合，形成村庄田园、都市农业、"民宿＋园地＋农产品"等农村新产业、新业态；另一方面，加快农村现代农业向城市产业结构渗透的步调，打通农村传统产业与城市新兴产业联动渠道，推动"农文化""农产品""农品牌"与城市的"宅经济""互联网经济""中央厨房"等新业态、新消费有机融合，以实现城乡产业结构的优势互补。

2. 推进城乡数字要素的调配与流动

发挥城市先进技术的示范与引领作用，打造农村与城市的信息技术开发经验对话平台，因地制宜、因势利导地推进农村5G技术、大数据集库、专家智库、人工智能技术、传感器、遥感等信息技术的投入、研发与实验，对于有条件的农村地区，引导科技企业与高校形成"研学—研发—生产—试点"一体化的信息技术开发路径，助力实现农村信息技术开发周期缩短、实验次数稳定、成果转化率提高。同时推动城市数字支付、数字资产、数字购物、数字旅游等数字服务向乡村渗透、扎根，促进乡村传统服务的数字化、信息化变革。

3. 创新城乡融合发展的智慧治理机制

确保数据感知器在乡（街道）、村（社区）的泛覆盖与细布局，通过智能门禁、智能"天眼"、智慧电网、环境监测等物联传感设备，建立风险研判预估、安全事故分析、流动人口管控、环境污染指数生成等城乡数字监管系统，实现城乡监管的标准化、专业化与一体化。同时聚合城乡经济治理、政务服务、公共安全、人居环境、文化治理等一系列板块，并由省级政府管

理，形成省统管、城乡并管的统一标准。

三、探索县域合作数字化路径，推动山海协作发展

1. 促进重点合作区域政务服务互通

以省内一体化合作区为重点，在畅通区域内部办事通道的基础上，建立合作区域间的政务服务通办事项清单，持续推进减权限权治权和优化服务，统一办理标准和运行模式，加速实现区域间政务服务办理"无感换乘"，并聚焦群众的办事需求，联动提供"一件事"创新服务，在更大范围内打造一体化市场、一体化政府、一体化服务、一体化治理。

2. 以平台载体数据信息共享构建跨区域产业合作生态

以协同建设5G等新型基础设施为基础，推动县（市、区）共同建立跨区域的工业互联网平台群、产业创新综合体联盟等，全力推动合作各方开放共享相关数据，有效交换特色产业现状和需求信息，以共同推进产业链补链固链强链为目标，开展联合招商、合作研发、成果转化、服务共享等，从而构建跨区域的产业整体生态，实现区域间产业协同发展。

3. 大力推动数字经济"飞地"发展

围绕集成电路、人工智能、云计算、大数据等数字经济核心产业和装备制造、纺织服装、医药等产业数字化转型，加快打造一批以数字经济为特色的"产业飞地"和"科创飞地"，推动数字经济发达地区和相对落后地区建立跨区域的创新研发和生产制造协作关系，培育一批数字化转型赋能专业运营机构，为"飞地"企业提供科技、业态、管理、服务等全产业链公共服务，更好提升合作效率，形成要素资源双向流动的良性循环，助力缩小全域发展差距。

第六章
数字赋能浙江县域绿色发展探索与展望

生态文明建设是关系中华民族永续发展的千年大计。党的十八大首次提出"推进绿色发展、循环发展、低碳发展"理念,标志着我国已逐步去除依靠高环境代价来换取经济增长的粗放型发展模式,进而转变为依靠科技促进绿色发展,实现数字化赋能绿色发展。进入新时代,面对碳达峰碳中和、生态产品价值实现、生态环境治理能力和治理体系提升等各项重点工作,浙江抢抓数字化改革机遇,扛起"绿水青山就是金山银山"理念发源地的责任担当,深入推进数字化改革和绿色发展相融合,持续擦亮绿色作为全省发展的底色,力争在绿色发展中贡献更多的浙江经验、浙江模式。

第一节 数字化改革推动绿色发展的形势要求

全面推进数字化改革,是浙江以建设人与自然和谐共生、生态文明高度发达的重要窗口和共同富裕示范区的内涵要求。利用数字化改革的方式,通过数字赋能、业务协同、技术倒逼、流程再造、制度重塑,对实现碳达峰碳中和愿景、推动生态环境治理能力提升、变绿色生态优势为发展优势具有重大意义,也是浙江省进一步发挥"绿水青山就是金山银山"理念发源地优势、实现生态文明工作持续走在前列的现实要求。

一、数字化改革下绿色发展的面临形势

"十三五"期间,随着数字经济"一号工程"和数字政府等工作的推进,

第六章　数字赋能浙江县域绿色发展探索与展望

浙江省在运用数字化改革推动县域绿色高质量发展上,已经形成了一批工作体系、政策体系、指标体系和考核评价体系,累积了诸多经验,有力支撑了美丽浙江大花园建设工作。例如,以"最多跑一次"改革为牵引,积极推进环境监管能力建设和环保数字化转型,基本形成大气复合立体监测体系,跨行政区域河流交接断面全面实现水质自动监测,布设完成全省国家网土壤监测网络和全省国控辐射环境空气自动监测网络,率先建设并应用浙江环境地图和生态环境保护综合协同管理平台等,为提升生态环境治理水平和治理能力,推动全省绿色高质量发展打下了坚实的基础。

在全面建设社会主义现代化新征程中,伴随着治理体系、生产力水平的深刻变化,许多问题依靠传统方式方法无法取得显著性突破。以绿色能源应用为例,在碳达峰碳中和背景下,众多地方与企业纷纷上马太阳能发电站、风力发电站、抽水蓄能等绿色能源基础设施项目,但由于缺乏能源互联网的智能支撑,能源的供给侧与需求侧时常无法精准匹配,因此"弃光""弃风"的现象频频出现。而运用发电领域的预测性维护云平台等数字化技术手段,通过传感器实时采集运行数据,加上迭代优化过的算法预测系统运行状态,可大幅降低停机频率及维护成本,实现可再生电力的精准消纳。此外,交通领域如何做到绿色高效出行,企业运行生产如何将资源能源进行高效利用、农业林业牧业生产过程中如何实现绿色可追溯机制,行政部门如何对污染源进行有效全面的监管,对于诸如此类的问题,传统解决方式存在效率低、层级多、覆盖面窄等缺点,亟待通过数字化赋能,提高效率、节约资源,实现降低能耗,加快重塑产业结构、生产方式、生活方式、空间格局的目标,以达到提升效率,精准赋能的目的。

二、数字化改革推进绿色发展的主要任务

实现绿色数字化发展,是对数字时代到来的精准呼应,以数字化改革手段推动能源变革、生态环境治理变革、生态产品价值实现机制变革,具有深远且不可替代的作用。浙江省作为"绿水青山就是金山银山"理念的发源地,

也是数字经济发展的引领地,在构建重要窗口和共同富裕示范区的过程中,应当将数字化改革与绿色发展深度融合相互促进,构筑起以数字化改革带动绿色发展的新格局。主要工作有以下几点。

通过数字化改革实现碳达峰碳中和愿景。碳达峰碳中和工作已被纳入生态文明建设总体布局,成为绿色发展的核心要义之一。随着"双碳"行动在全国范围内的推进,各地已启动重点领域的碳达峰、碳中和工作,但在一些地方存在碳减排过于粗糙、限制耗能企业过于简单、减排对正常经济运行甚至日常生活形成阻碍等运动式减碳的现象。2021年7月,中共中央政治局会议明确强调要防范运动式减碳,为当下减碳的消极现象敲响了警钟。要防范类似运动式减碳,推进数字化碳减排是必不可少的手段。政府部门需要统筹经济增长、能源安全、碳排放、居民生活等多个维度,运用数字化手段,确定未来主要的减排降碳领域和空间,并从政府、企业、个人等多个角度,制定科学合理的政策法规,确保安全降碳。例如,通过建立"双碳"数字平台,对高耗能企业的碳排放水平进行有效监测,利用相关结果,科学合理制定有序用电、投融资、准入退出标准等政策,杜绝一刀切式的减碳。

通过数字化改革推动生态环境治理能力提升。现行的生态环境治理体系下,存在监测面窄、效率低、精度差等问题。而通过数字化改革的手段,监测网络布点的覆盖面可以更广,精确程度可以更高,响应速度可以更快,进而加速形成监测监控、预报预警、分析研判、协同处置全闭环生态数字治理体系,持续推动生态环境治理能力迭代提升。例如,依赖传统大气环境监测站点提供的监测数据来评估大气环境质量,但大多数地区由于受站点布点不足、不能全天候发布数据等因素制约,不能准确、及时地反映大气环境演变趋势,难以有效评估大气环境时空演变和影响。而通过数字化改革,如通过卫星遥感监测,不仅能自动生成某一地区全域的大气实时监测数据,周边部分的大气数据也可实时显现,进而运用大数据数字平台根据生成的基础数据进行分析研判,精准圈定污染浓度相对高值区域,并自动监控预警。

通过数字化改革变绿色生态优势为发展优势。建立健全生态产品价值实

第六章　数字赋能浙江县域绿色发展探索与展望

现机制,是贯彻落实习近平生态文明思想的重要举措,是践行"绿水青山就是金山银山"理念的关键路径,对推动经济社会发展全面绿色转型具有重要意义。2021年4月,中共中央办公厅、国务院办公厅印发了《关于建立健全生态产品价值实现机制的意见》,提出生态优势转化为经济优势的能力要明显增强。但是,由于生态产品的种类多、计量难、变化大等特性,生态系统生产总值(GEP)无法精确计量,生态产品"难度量、难抵押、难交易、难变现"的问题一直存在,生态产品供需无法精准对接,生态保护补偿标准无法准确衡量,生态资源权益交易也存在一定困难。通过数字化改革,利用卫星遥感、地面传感器、云计算、人工智能等技术,可以更科学、更精细地来统计某一地区的GEP,将无价的生态系统各类功能"有价化",精确核算"生态账"。通过将GEP核算指标应用于绿色发展绩效考核,建立完善以GEP核算为基础的生态产品市场交易机制等,真正地将一个地区的生态优势变成发展优势。

第二节　数字赋能县域绿色发展的实践探索

自浙江省数字化改革全面启动以来，各县（市、区）均结合自身在推进绿色低碳发展过程中遇到的堵点、难点、痛点，发挥首创精神，将数字化手段运用到绿色发展各个维度，系统提升了推进生态环境治治理体系和治理能力的提升，形成了一批典型经验和做法。

1. 萧山建设"双碳大脑"，助力县域节能减碳

杭州市萧山区作为浙江传统工业大区，完成能源双控、节能降碳的压力较大。区电力公司以能源大数据平台为基础架构，围绕看碳、析碳、管碳三大核心要素，搭建"碳地图、碳足迹、碳管理、碳场景"四大板块，实现看碳、析碳、降碳三大功能，助力政府科学决策、企业节能减排、社会精准治理和城市数智建设的平台。

一是"一屏全览"。是指通过数字化大屏，查看"碳排放总量""碳排放强度""能源消费总量""能耗强度"四大指标，对比与省市差距，并汇聚全区电、气、煤、油数据，建能源、电力、碳排放之间的关联算法，形成全区能源结构，为能源结构调整指明方向。

二是"一路追踪"。是指通过打造数字化碳排放监测大厅，绘制六大领域碳流溯源图，及时了解全区各行业、镇街的碳排放情况，并对接入"双碳"大脑的规上企业实现能源数据末端追踪和精准掌控，实现碳流精准溯源。

三是"一体智治"。是指通过数据全采集、指标全覆盖，构建了区级、部门、企业的三级分舱。区级"驾驶舱"可及时掌握双控指标、完成进度、预测曲线、镇街排放，为政府科学决策提供依据；部门"驾驶舱"具备用能审批、信息管理、能耗预警、设备预警、政府发布等功能，以此推动产业结构优化；企业层面，通过用能数据上报、能耗预警、碳交易等方式，辅助企业自主开展碳排放管理。

四是"一众应用"。是指过集成区域、企业生产经营用能数据,结合产值计算碳能效,创建"萧碳码",将企业某一周期碳效与其行业平均值比较,分为1~5五个等级,应用碳账户实现能效提升,并构建由初始配额、交易配额、自愿减排量(CCER)组成的企业碳账户,助力企业通过市场化手段达到降碳目的。

2. 长兴县推出"碳效码",实现工业碳效提升

工业领域是长兴县碳排放的最主要来源,对全县实现碳达峰目标至关重要。针对企业生产发展碳排放缺乏客观、科学的评价依据及体系这一现状,长兴县充分挖掘电力大数据的绿色价值,创新推出了"能源碳效码"。依托电力大数据平台,集成各渠道能耗数据,结合生产情况,进行精准统计、分析和赋码,让企业能效水平一"码"了然,服务重点工业行业低碳发展。

一是实现全行业碳监测。长兴县发改局联合经信、统计、环保,供电等部门多次研究,明确了"碳效码"的数据来源、因子、评价标准和分析模型,通过协同乡镇基层部门汇集企业能源消费量、产值、增加值、新能源发电量、绿电交易量、税收、碳总量等多维度数据,利用自行研究设计的"碳效码"计算规则,明确五级量化标准,实现对规上工业企业碳排放情况的精准画像。同时,在区域能耗总量中全量核减光伏、风力等零碳电力,充分体现零碳电力减排贡献度,提高企业参与清洁能源发电建设的积极性,有力提升了能源供应清洁化水平。

二是打造治理端和服务端。积极搭建长兴碳效综合服务平台,治理端重在服务政府相关部门,直观呈现全县各乡镇、行业、企业的碳耗指数和碳排放总量数据,实现全县碳效状况全景呈现,服务端聚焦企业节能降碳需求,为企业提供"一码查询"服务,便于企业掌握自身碳效水平和差别化政策应用有关情况,促进企业提高能效水平,加快推进企业进入"双碳"时代。

三是强化成果协同应用。在推动"碳效码"成果转化应用过程中,各部门将"碳效码"作为推进各项工作的重要指标,有力推动应用场景落地。如县发改部门拟将碳效等级为5级和4级的企业列入有序用电名单,倒逼企业努力做好低碳转型工作。经信部门将碳效评价纳入"绿色工厂星级管理"评价,应用于绿色工厂评级。县农商行等金融机构推出"碳效贷""碳惠贷"等金融产品,对碳效提升项目给予利率优惠。

3. 新昌多能互补发展给出能源高效利用最优解

为加快构建清洁低碳、安全高效的能源体系,新昌县依托自身资源禀赋和数字化改革,协同合理调控配置电源侧有限的清洁能源资源,积极提升电网侧智能化水平和节能降耗水平,建立健全需求侧响应激励机制提高负荷调配能力,通过多能互补发展,给出了能源利用最优解。

一是优化光水资源为尖峰负荷减压。作为全国著名的"小水电之乡",新昌全县水电装机容量达59.26兆瓦,但也存在用电高峰期可能因枯水而无电可发,用电低谷期可能因丰水而无法消纳的问题。为此,新昌国网公司通过利用虚拟专网、5G数据切片等技术,实现水电站运行数据实时全采集,建立"小水电虚拟总站",通过"水电调度虚拟总指挥长"运行管理模式,综合利用县内龙头电站的水系调节功能,通过发供用等环节综合数据分析,实现发电量全时段智慧调度,按负荷特性需求科学调节出力,实现水电资源高效有机综合调度。

二是建设高弹性电网赋能源网荷储互联互通。按照建设"唐诗之路"多元融合高弹性电网的工作思路,结合全县供电网格的资源禀赋、电网特征,围绕新昌"唐诗之路"旅游集散地,打造"零计划停电、无障碍接入"5A级景区城;围绕新昌"唐诗之路"精华荟萃地,打造"电能替代全接入、低碳安全双提升"全电智慧景区;围绕新昌"唐诗之路"文化衍生地,打造"源网荷储全面交互、社会效能有效提升"科技创新园区;围绕新昌"唐诗之路"文化蕴藏地,打造"自然风险智慧防控、水光储互动新形态"茶区景观带。通过多措并举,促进多种能源互联互通、互济互补,进一步促进能源生产清洁化、能源消费电气化、能源利用高效化。

三是确保清洁能源并网消纳处于动平衡。制定三大能源消纳行动方案。

首先是加大储能设施建设，开展 35 千伏直挂式储能建设和废旧电池梯次利用，到 2025 年，保证新增新能源配置储能比例提升至 20%。其次是优化拓展电动汽车互动服务平台，建立友好开放的全方位、多元化服务体系，保障充电设施无障碍接入，计划到"十四五"末新增充电站 42 座。最后是加大电能替代力度，在公共服务和生活领域推广电蓄冷、电采暖、电厨炊技术，推进高耗能通用设备改造，全面实施电能绿色低碳替代。

二、以数字化手段推进生态环境质量提升

1. 淳安设置千岛湖"智能哨兵"守护一湖秀水

千岛湖作为杭州市乃至长三角地区重要战略饮用水源地，保护千岛湖水环境，确保"活水长来"，是淳安县的重要任务之一。为了保障千岛湖水质安全，淳安县打破常规水质人工监测和巡测预警模式，建成全国首个深水水库水质水华预测预警系统——千岛湖水质水华预测预警系统，真正实现了水库全域生态环境智慧化、数字化管理。

一是坚持科学设计，努力打造国际一流预测体系。依托中国科学院南京地理与湖泊研究所，以在线自动分析仪器为核心，建成综合性在线自动监测体系，监测内容包括水质理化指标及湖库生态学指标，为保障千岛湖水质生态安全提供重要数据支撑。选取街口、三潭岛和大坝前取水点 3 个国控断面数据进行分析比较，宏观掌握定量水于不同时间的数据变化情况。建成国内首套原位藻类细分实时监测剖面浮标系统，为研究千岛湖浮游植物演变与环境要素的关系提供大量科学数据。

二是坚持点面结合，不断强化关键指标立体监测。以自动检测为主，采用陆基探头式自动监测系统、陆基流动注射型监测系统等监测设备，对水质、气象和水文等三方面进行监测和分析。同时开展"俯瞰式"遥感监测，在县环境监测站内布设地面遥感数据接收系统，遥感监测叶绿素 a、表层水温、水体颗粒物浓度三类指标，由此获得千岛湖水体水质空间分布资料。

三是坚持成果运用，长效保障千岛湖水质安全。建立水文气象影响水库

水质和藻类（水华）的动态变化模型，在此基础上自动生成《千岛湖水质水华预测预警报告》，测算各湖区发生水华概率，并按风险程度设置蓝色、黄色、橙色、红色预警。强化平台应用，实现了紧急事件的科学决策。

2. 建德构建智慧治气系统赋能大气治理

建德市作为浙西南生态屏障的重要组成部分之一，大气环境质量至关重要。近年来，建德市通过智慧治气系统建设，实现大气环境的快速化预警、多元化分析和便捷化服务，可随时了解涉及空气质量及其影响因素的实时数据，实现了空气质量的数字化监管。

一是模块化集成，数据一图展示。建德全市目前共设置了2个省控站、15个乡镇站、8个微型站、2个清新空气站、11个道路扬尘监测点，基本建成了覆盖本市的大气环境监测监控网。同时，还建设了覆盖全市的26个高空瞭望系统，并接通"雪亮工程"，实现大气、污染源等环境监管要素的监测监控全覆盖。在此基础上，融合GIS空间数据分析技术、实现了大气数据的图像化、矢量化、网络化表达和展示。

二是标准化评估，污染态势一屏分析。通过对高空瞭望视频、风向风速、颗粒物雷达扫描等十余类监测信息，并实行归类整理，形成面向复合污染态势特征及过程评估专题库，综合运用相关性分析等算法，对大气复合污染态势特征及过程进行科学有效的数据分析，展现监测点位周边常规污染物、VOCs、臭氧和风场的时空分布特征，剖析污染成因和来源，掌握大气环境态势，为大气污染综合治理提供评估指导，实现了精准管控、靶向治理。

三是精准化管理，管控治理一呼百应。建德"数字治气"平台具备信息录入、数据采集、项目台账建立及查阅、项目统计分析、项目进展跟踪等15项功能。项目管理人员可以利用移动端及时收到项目的问题反馈，对项目实施全过程督查，推动重点项目的开展，并在"建德智慧治气"手机小程序上，实时查看全市大气环境项目的进度和督办情况，实现了大气环境重点项目的全过程管理和推进。

第六章 数字赋能浙江县域绿色发展探索与展望

3. 玉环市构建小微产废企业危险废物统一收运新秩序

玉环市共有工业企业12000余家，其中危险废物年产量10吨以下的小微企业数量占比近90%，由于产量小、分散广，委托处置面临"委托无门""价格虚高"等问题，存在较大的环境风险隐患。为助力"无废城市"建设，玉环积极探索小微产废企业危险废物统一收运体系，利用"物联网+区块链"技术构建危险废物大数据平台，妥善解决小微产废企业危险废物处置难问题。

一是全要素科学谋划，产废企业由"散乱"变"系统"。根据产废企业类型、工艺、设备、危险废物产生种类和数量分类进行汇总，全面调查排摸全市各个区域小微产废企业。出台《玉环市小微企业危险废物信息化管理工作实施方案》，以公开招投标形式选取一家符合要求的第三方收集单位，通过组合资源、统一议价，大大降低企业危险废物处置成本。如废乳化液的市场处置费用原为2800元/吨，目前已调整至2160元/吨。创新智慧环保云管理系统，将合作的小微产废企业基本信息、工艺、设备、危险废物种类、危险废物产量、转移情况等相关数据进行统一收集录入，以便后台完成数据智能分析。

二是全流程智联，收置由"分散"变"集中"。免费铺设"智能收集云仓"，将具有防腐防渗防火和实时计量联网功能的收集桶作为危险废物临时贮存的微型仓库，并在每个云仓上标记国家危险废物名录对应代码，从源头上杜绝倾倒、偷排等非法处置行为。推动批量转移"规范化"，当智能云仓产废数据达到设置阈值，即产废量接近云仓空间上限时，一键生成电子转运联单，并由"一对一"收集管理人员直接上门，避免超期贮存、随意倾倒、非法转移等处置乱象。实现收集转运"网格化"，通过建立区块网格，第一时间分派危险废物运输车辆，实时规划危险废物运输车辆网格内运输路径，对区块内所有需要处理危险废物的小微产废企业进行统一收集，直接降低危险废物收集转运成本。

三是数字化监控规范，管理由"粗略"变"精准"。实时更新企业电子危险废物台账，同时通过车载 GPS 跟踪连接危险废物运输车辆，精准掌握每一批危险废物"在何处，去何处，何时到"，实现"产废源－物流端－处置端"数据全过程覆盖、全时段监控、全链条式追溯。此外，生态环境部门可直接通过查询系统及其移动端数据，实时掌握设备的在线运行状态和异常警报，随时了解危险废物运输处置数据、危险废物贮存状态、联单数据分析、污染风险预警等信息，实现对小微产废企业、运输单位、处置单位三方的全过程管理。

三、以数字化手段推动生态产品价值实现

1. 龙泉市"益林富农"，走出山区共富新路子

龙泉是浙江省最大的林区县，目前共有林地398万亩，林地面积占市域面积的86.6%，素有"浙南林海"之称。近年来，龙泉全力做好"山上文章"，开展公益林数字化改革，创新"益林富农"多跨场景应用，在严格保护自然资源的同时，补齐山区县发展短板，提高林农收入，走出了生态产品价值实现、促进共同富裕的新路子。

一是确权明责，守护绿色宝藏。公益林落界权属不明，是林业部门管理的老大难问题之一。龙泉首创公益林数字化精准落界，建成公益林数字化落界系统，通过卫星地图以及无人机现场勘查相结合的三维呈现方式，由各乡镇干部、村干部及林业工作站的工作人员组成工作组，与村民沟通确认林地边界，并第一时间在系统中勾绘林地矢量图，精准标注经纬度，公益林落界精准率提高至99%以上。

二是点"林"成金，唤醒沉睡资源。龙泉市林业局联合龙泉农商银行创新打造"益林贷"，将林地地役权补偿收益权等作为质押担保，对依法设立林地地役权的供役地企业和自然人实施授信贷款，有效解决了企业和林农融资难、贷款难等问题。此外，龙泉还在全国率先试行林地经营权流转证制度，专门成立了生态资源流转中心，集中发布林地流转、生态产品等信息，推进供需精准适配，实现林地流转"一键交易"。通过林地流转，唤醒了大

量沉睡的山林资源。

三是数字赋能，推动林业智治。龙泉林业主管部门通过搭建"益林富民"多跨场景应用平台，实现部门之间的多跨融合、高效协同，聚焦"山到组、钱到户、贷到手、活经济、解纠纷、防微腐"等重点工作，推出了落界确权、生态信用、绿色金融、流转交易、林区智治5大核心业务56项具体业务，将这些业务集成在平台上统一办理，实现了涉林事项100%网上申报、网上审批。

2. 桐乡市奋力打造县域大花园数字化治理典范

作为首批浙江省大花园典型示范单位，桐乡充分释放世界互联网大会永久举办地红利，以数字经济为引领，推动航天遥感、物联网、5G、人工智能等技术融合应用，积极探索大花园数字化治理新路子。

一是启动天眼守护，打造生态文明建设试验地。桐乡市联合航天五院五〇八所和浙江工业大学，搭建了首个县域大花园数字化治理平台，于2020年世界互联网大会期间正式发布上线。平台以卫星遥感大数据为基础支撑，集成地理信息、地面物联网观测及社会经济统计等多源数据资源，构建形成全覆盖、全信息、多尺度、多时相、多元化的"天空地一体化"的空间信息数据资源库，极大地改变了过去以点状、断面为主的监测模式。通过卫星遥感技术高效完成桐乡市全域范围大气环境每小时、每天、每季度监测，水环境每月监测，绿色资产和GEP每年核算的任务。

二是强化数字赋能，打造绿色发展示范地。以信息通信、物联网、人工智能为代表的数字经济正成为引领桐乡绿色发展的新红利。譬如，以高新技术产业园区及乌镇大道科创集聚区建设为契机，一批数字经济项目成功落地。当地龙头企业通过实施5G+工业互联网改造，提升资源利用、污染减排等各环节的运作效率，带动一大批企业实施数字化改造。与此同时，还实施全国领先的5G智慧农场、杭白菊数字化全产业链系统等数字农业项目，不断提升农业生产效率和效益。

三是突出惠民利民，打造社会现代化治理创新地。运用数字化技术，搭建起政府、企业、公众之间的互动桥梁，不断提升现代化治理能力。实施"三网融合""光网城市""无线城市"建设，建成全国首个县级国际互联网数据专用通道。在"三治融合"实践中，实施"数字+治理"示范，全面探索"一网双联"，获得首届中国城市治理创新奖；拓展"桐行通"应用场景，探索社区警务微平台，加强出租房屋管理，引导房东以"码"租赁、居住人员扫"码"登记，实现住宿登记"网上跑"。

第三节　数字化改革推动绿色发展的未来展望

当前,以数字化改革为动力推进绿色发展仍处于起步阶段,下一步,需要在应用场景建设、形成各方工作合力、加快制度体系建立等方面破题,为实现全省绿色高质量发展,为共同富裕示范区和"重要窗口"建设注入强大绿色动能,同时也要力争形成一批可示范可推广的做法,形成浙江经验,输出浙江模式,为全国的绿色可持续发展作出贡献。

一、加快打造一批数字化手段,增加绿色发展的应用场景

聚焦需求导向,瞄准基层、企业、百姓关心的高频事项,以污染物排放监测管控、能耗双控、生态系统确权等关键问题重点,将核心业务梳理与改革需求梳理、需求分析相结合,坚持以重大任务牵引打造重大应用,以迭代开发、循序渐进为推进模式,紧盯关键时间节点、细化目标任务,持续优化平台和系统架构,力争涌现更多能够体现浙江绿色发展制度变革的应用成果。同时,也要聚焦问题导向,从当前生态文明建设领域突出矛盾的问题出发,通过核心业务梳理来理清整体高效协同的路径,找准改革的突破口,找到堵点瓶颈,逐个突破。例如,通过构建省级碳达峰碳中和数智平台建设,构建覆盖能源生产、传输、消费全过程管控机制,实现以多种能源为对象的准实时在线监测、企业能效评价与综合预警、碳排放监测与碳效评价等多重功能。

二、加快应用一批数字化手段,形成绿色发展的工作合力

数字化改革并不是政府单方面的事,而是一项牵涉到政府、企业、群众等各方的系统性工作。在企业侧,应当聚焦清洁能源、绿色交通物流、新能源汽车发展、智慧城市建设等方面,通过数字化赋能,提高效率、节约资

源，实现降低能耗。在居民侧，应当运用信息化的手段，深度参与到碳达峰碳中和、生活垃圾分类、绿色出行等领域，以数字化的方式践行低碳绿色的生活理念。此外，金融机构应当积极响应"绿色金融"发展号召，充分利用物联网、区块链、大数据等数字技术，精准识别绿色低碳、生态友好的企业，以达到精准支持绿色发展的目的。

三、加快构建一批数字化手段，确立绿色发展的制度标准

要以能耗数据、污染物排放数据、自然资源数据为重点，加快打造生态文明建设领域的一体化智能公共数据平台，以统一规划、统一建设、统一管理、统一运维的方式，打造数字化改革的中枢神经系统。建立数据平台层面的协同制度体系，通过纵向横向两方面发力，将推动绿色发展数字化改革中的核心业务应用系统进行一体化联动，打破条块分割，减少重复建设，特别要注重高频业务之间的高效协同，强化统筹应用，以此体现乘数效应。建立数据定义的标准化体系，达到统一规范的目的，以此更好地应用于系统。建立综合集成标准体系，强化数据之间的衔接，打破数据孤岛，推动数据重复使用，并且在此过程中不断提升数据本身质量。

四、加快凝练一批数字化手段，推广绿色发展的浙江经验

将数字化改革内容嵌入低碳零碳试点体系建设、生态产品价值实现机制试点、生态文明示范区建设的考核任务要求，使数字化改革这项新生事物与生态文明建设工作深度结合，鼓励基层首创精神，点线面结合，探索多领域、多层级、多样化低碳数字化改革推动绿色发展模式，筛选出效果好、评价高、应用广的案例，总结应用建设经验，在更大范围内复制推广。同时，也要通过媒介会、宣传会、培训会等方式，推广相关做法经验，在提升能力的同时，让浙江经验在更大范围内得到宣传。

第七章
数字赋能浙江县域开放发展探索与展望

改革开放以来,浙江始终坚持以"八八战略"为指引,形成以"一带一路"建设为统领的全面开放新格局,全方位、高水平推进从"开放大省"向"开放强省"跨越发展,担起我国开放发展"重要窗口"的时代使命。特别是面对突如其来的新冠肺炎疫情,经济全球化遭遇逆流,贸易摩擦加剧,全球产业链供应链面临重塑,浙江充分发挥数字优势,迅速创新开放发展的新模式新业态,通过数字智慧赋能与世界建立起全新"链接"。县域作为全省开放发展的重要组成,利用数字技术、数字手段积极探索开放新模式新路径,总结梳理数字赋能县域开放的经验做法,对畅通推动新时代县域高质量发展具有重要意义。

第一节 数字化改革推动县域开放发展的形势要求

当今世界正经历百年未有之大变局。新一轮科技革命和产业变革深入发展,数字化、网络化、智能化发展趋势加快。在这个大背景下,全球化脚步并未放缓,而是通过与数字化融合,在新领域、以新形式呈现新特征、实现新发展。

一、新时期国家开放型经济发展面临的新形势

1. 中美贸易摩擦复杂多变

中美经贸摩擦的长期性、复杂性特征明显,不仅对中美贸易投资的增长

形成潜在威胁，而且对全球政治、经济体系带来较大冲击。当前和今后一段时间内，中美经济关系将呈现半脱钩半合作关系。"关税战""科技战"对美国和世界供应链和价值链的破坏，以及新冠肺炎疫情对全球产业链分工格局的冲击，使得国家安全压倒经济利益成为各国政府产业政策的优先选项，这些都将会带来系统性的连锁反应，导致全球化的碎片化、区域化和全球产业链的本土化、闭环化，我国全面开放外部环境不稳定性不确定性明显增加。但另一方面，随着我国在全球政治经济格局中话语权和影响力的持续扩大，共商共建共享"一带一路"的共识不断凝聚，有利于浙江省发挥改革开放先行地的战略优势，以"一带一路"为统领，充分利用两个市场、两种资源，下好战略先手。

2. 双循环新发展格局加快构建

在国际形势多变急变、中美贸易摩擦持续升级、新冠肺炎疫情全球蔓延冲击等多重因素叠加下，我国经济政策聚焦"六稳""六保"，促进"内外兼修"，提出以畅通国民经济循环为主构建国际国内"双循环"新发展格局，坚持供给侧结构性改革这个战略方向，扭住扩大内需这个战略基点，提升供给体系对国内需求的适配性，形成需求牵引供给、供给创造需求的更高水平动态平衡。但"中国开放的大门不会关闭，只会越开越大。以国内大循环为主体，绝不是关起门来封闭运行"。这无疑将进一步推动我国深化"一带一路"国际产能、科技和市场合作，深度参与和融入全球产业链、供应链、创新链重构，拓展多元化市场和产能布局。

3. "数字丝绸之路"应运而生

随着全球数字经济迅速发展，立足数字化、智能化链接世界各国各地开放协同的需求激增，"数字丝绸之路"应运而生。2017年5月14日，习近平总书记在第一届"一带一路"国际合作高峰论坛上正式提出"数字丝绸之路"，表明了推动大数据、云计算、智慧城市建设，连接成21世纪的"数字丝绸之路"的愿景。"数字丝绸之路"是数字化发展与"一带一路"倡议的结合，是数字经济全球化的必然产物。随着全球的数字化发展进入快速发展新

第七章　数字赋能浙江县域开放发展探索与展望

阶段,国际合作交往中的新技术、新产业、新业态、新模式层出不穷。"数字丝绸之路"的红利,不仅为缩小沿线国家的"数字鸿沟"提供了新思路,也为解决与沿线国家的文化差异、信息不对称与信用困境等问题提供了新方案。通过数字技术、数字手段,拓展了县域对外开放的物理空间范围,为县域发挥地方特色,参与共建"一带一路",融入"双循环"新发展格局提供了新路径。

4. 开放发展向制度层面纵深推进

党的十九届四中全会明确提出建设更高水平开放型经济新体制。制度型开放成为我国对外开放的时代新特征。近年来,全球双边或区域自由贸易协定正在重构国际经贸新规则。以《全面与进步跨太平洋伙伴关系协定》(CPTPP)、《跨大西洋贸易与投资伙伴协定》(TTIP)和《服务贸易协定》(TISA)等为代表,投资贸易不断涌现新规则,这些经贸新规则呈现出从进出口关税、外商投资准入等边境类措施向竞争政策、劳工权益、指示产权、跨境服务贸易等边境后的国内制度体系延伸。因此,我国在对外开放中迫切需要顺势而为,从国内制度层面进行系统性改革和创新,大力推进制度型开放。

二、浙江数字赋能全面开放新使命

1. 探索建设数字"一带一路"

《浙江省高质量推进"一带一路"建设"十四五"规划》中提出到"十四五"末高水平建成"一带一路"重要枢纽的总体目标,并注重加强在数字"一带一路"上发力,将提升数字创新枢纽功能作为高水平建设"一带一路"重要枢纽的四大支撑之一。重点要建成全球数字经济创新策源地、数字贸易中心和以金融科技、大宗商品交易为特色的新兴金融中心,持续放大数字贸易领域的集成优势,推出一批符合数字时代特征和国际通行惯例的规则标准。浙江省县域全面开放格局已经基本形成,开放强县也走在全国前列,在数字化改革的带动下,各县(市、区)积极探索数字赋能开放发展应用,跨境电商蓬勃发展，为浙江省数字"一带一路"建设提供创新方案，正奋力书写数字赋能县域高质量开放发展的新时代答卷。

2. 探索创新数字自贸区发展

作为第三批设立的自贸试验区，浙江在全国众多自贸试验区中脱颖而出，率先实现真正意义上的扩区。浙江自贸试验区跳出舟山，扩展至宁波、杭州、金华（义乌），面积从约120平方千米增加到约240平方千米；功能定位也拓展到数字经济、先进制造业、国际航运物流、新型国际贸易，并提出着力打造数字自贸区、油气自贸区、枢纽自贸区这三张"金名片"。数字自贸区是时下国内不少自贸试验区瞄准的建设方向，浙江起步最早、基础较好，有条件率先破题。对此，浙江省将充分利用5G、大数据、物联网、人工智能、区块链等数字技术和数字化手段，鼓励县域要素自由流动，实现一体化、现代化的数字监管、数字服务，打造数字化的国际一流营商环境，为县域开放领域体制机制突破创新提供新机遇。

3. 探索打造世界硬核数字强港

港口是全面对外开放的基础性、枢纽性设施，是开放经济发展的重要支撑。2020年3月，习近平总书记在浙江考察期间，首站就来到宁波舟山港穿山港区。提出宁波舟山港在共建"一带一路"、长江经济带发展、长三角一体化发展等国家战略中具有重要地位，是"硬核"力量，要努力打造世界一流强港新标杆。在《宁波舟山港世界一流强港建设方案》中明确着力打造基于一流技术的智慧绿色安全港口标杆，创建世界一流智慧港。在宁波舟山港的引领带动下，促进沿海县域港区向着现代智慧化发展，通过推进"5G+智慧港口"、智慧航运平台等建设，增强县域内外循环枢纽节点功能，畅通县域国际开放发展通道路径。

第二节　数字赋能县域开放发展的四大探索

随着数字时代到来，县域传统经济形态与数字经济建立起高度耦合"数字联姻"关系，县域的传统组织、物理世界正在逐渐打破，衍生出县域开放发展的新业态新模式，为县域全面对外开放带来更加广阔的新空间新格局。

一、数字贸易打开县域开放发展新通道

以打造全球数字贸易中心为主线，新时期浙江省数字贸易双向合作开放呈现新局面。截至2020年底，浙江综试区数量达到10个，设区市覆盖率居全国第一，在全国率先基本实现综试区的全覆盖。全省完成跨境网络零售出口额1023亿元，跨境电商出口活跃网店突破11.8万家。世界电子贸易平台（eWTP）杭州实验区和义乌全球创新中心建设顺利推进，为县域经济发展注入强劲动力。

1. 跨境电商开拓县域对外开放市场空间

近年来，县域跨境电商综合试验区建设稳步推进。杭州作为全国首个跨境电商综合试验区，目前已设立下城、下沙、空港、临安等13个园区，首创的"六体系两平台"模式在全国复制推广。宁波鄞州跨境电商综合试验区开创"网购保税+线下自提"零售新模式，并创造全国首个跨境电商商品质量检测"无费区"，海曙区集士港镇集士港村位列全球速卖通全国跨境电商村榜首，豪雅集团、宁波发现物流等22家龙头企业和高校共同发起中国（宁波）跨境电商出海联盟，成为全国首屈一指的跨境电商联盟。

2. eWTP构筑县域中小企业对外合作的平台网络

2019年，eWTP全球创新中心落户义乌，义乌商城集团与阿里巴巴集团成立eWTP合资公司，合作共建数字综保区，共同推动全球中小企业从全球贸易的被动参与者转变为新游戏规则的主导者。2019年10月，"义新

欧"（义乌–列日）eWTP 菜鸟号正式开通，eWTP 公共服务平台完成 9610、9710、9810 出口功能上线并完成试单，其中 9610 出口模式的业务量突破 1000 万票。通过发挥数字技术力量实现义乌市与阿里巴巴两个主体的深度融合，外贸领域的创新实践不断加快、加深，在共建全球网络、创新模式规则、完善物流设施、扩大金融支持和建设云上义乌等方面积极探索，不断取得新突破。

3. 数字展览展会搭建县域联通世界的重要桥梁

在全球新冠肺炎疫情持续反复的情况下，浙江省县域开放发展的脚步并未停歇。数字展览、云上展会成为各县双向开放合作的重要桥梁。2021 年 4 月，义乌成功举办中国国际电子商务博览会暨数字贸易博览会。5 月，杭州市、湖州市、舟山市、金华市浦江县、丽水市青田县入选"全球数字贸易云展会平台"项目应用场景首批试点，成为数字服务贸易云展会平台的迭代升级，成功引领全球数字贸易博览会的线上先行。6 月，在宁波鄞州区举办的中东欧博览会首设浙江数字贸易展会，借此次展览搭建"机遇之桥"，通过线上直播、新品首发等方式，推动浙江省县域企业拥抱中东欧市场。

二、数字化开放平台成为县域开放发展新高地

随着对外贸易开放持续加深，开放平台的数字化、智能化转型已经成为大势所趋。自 2018 年以来，省委省政府深入实施数字经济"一号工程"，积极推进各类开放平台数字赋能，数字自由贸易试验区、数字综合保税区建设成效显著，建成了一批数字化水平高、辐射带动强的数字化示范（试点）园区，为浙江省县域经济开放发展提供了有力支撑。

1. 中国（浙江）自由贸易试验区扩区赋权成效初显

2020 年 9 月，中国（浙江）自由贸易试验区正式获得国务院批复，实施范围从舟山扩展到杭州、宁波、金华（义乌）。其中杭州片区以钱塘区块、萧山区块和滨江区块为重点，打造全国领先的新一代人工智能创新发展试验区、国家金融科技创新发展试验区和全球一流的跨境电商示范中心，建设

数字经济高质量发展示范区。以数字贸易为核心,不断深化"贸易自由化便利化"改革,完善国际贸易全链条数字化生态。以数字产业为引擎,充分激发数字技术、数据资源、数字人才等要素活力,加快数字贸易和数字制造融合。以数字金融为特色,充分发挥"金融服务实体经济"作用,创新金融科技应用,增加有效金融服务供给,推进自贸试验区与境外资金自由便利流动。以数字物流为支撑,深化"四港联动",打通海陆空物流通道。以数字治理为重点,聚焦"整体智治",推进数字赋能,加快建设与数字全产业链发展相适应的治理体系。

2. 义乌综合保税区率先打造"数字综保区"

义乌综合保税区位于义西商贸服务业集聚区内,于2020年3月获国务院批准设立,包括新型保税展贸平台、双向跨境电商平台、国际贸易综合服务平台、金融服务平台和检测维修服务平台。义乌综合保税区率先推动市场线上线下融合,积极探索数字贸易规则,深化与阿里巴巴世界电子贸易平台(eWTP)合作,探索数字监管新模式,以"数字围网"全新实践为核心特色,探索实现"货物数字化""生产数字化""交易数字化""流通数字化"和"监管数字化"。同时,立足世界"小商品之都"商贸集聚优势,聚焦"保税+"进口贸易新业态新模式的培育,探索实现"保税+跨境+旅游+体验""保税+展示+体验"等模式的业态创新,释放义乌国际贸易改革新的生产力和增长极作用,与千万企业家共拓自由贸易发展空间,为全球商品在中国的展示、交易、贸易提供"义乌方案"。

3. 开发区数字化转型走在前列

各地积极运用新一代信息技术,创新开发使用"标准地"数字地图、特色小镇招商云平台等,助力园区开放发展取得显著成效。如桐乡开发区为进一步强化产业链条,促进企业集聚发展,充分利用数字化招商手段,大力开展精准招商,积极促进前沿材料产业区域特色集群发展。目前,桐乡开发区(高桥街道)引进了空气化工(桐乡)有限公司、港华天然气、巨石攀登、波力科技、太平洋钓具等30余家玻纤生产及下游企业。龙泉经济开发区开发出了一个崭新的"招商地图"平台，平台从主导产业、产业经济、产业规划、投资平台、重点企业等角度，系统性介绍龙泉的产业优势和发展目标，并借助"互联网+"探索"云招商"。目前，已通过"招商地图"与广州、温州、杭州等地客商开展多次招商洽谈，多家企业已表明投资意向。

三、数字港口建设成为县域开放发展新动力

数字化成为港口变革的新动能，对港口生产运营、组织管理、服务模式等产生重大深远影响。智能化发展机遇，推动港口发展动能由资源要素驱动为主向智慧创新驱动转变，带动辐射周边县（市、区）经济快速发展。

1. 梅山港区打造数字港口建设先行区

随着5G、人工智能、大数据、云计算等数字化技术发展，港口智能化成为发展大趋势。2020年5月，宁波舟山港、浙江移动、上海振华重工、华为正式签署战略合作协议，率先在梅山港区建设"5G+智慧港口"。目前，宁波舟山港成为全国首个实现集装箱进出口全程操作无纸化、物流节点可视化的港口，实现宁波口岸通关效率在长三角区域领先。梅山港区创新推动远控桥吊、远控自动化轮胎吊和无人集卡等建设工作，着力打造一条自动化的港口作业链，加快实现码头集装箱装卸、水平运输、堆场装卸环节的全过程智能化操作，着力推动数字化转化为生产力。2020年集装箱吞吐量突破500万标箱，占宁波舟山港吞吐总量的1/5。数字赋能港口智慧服务、效率提升，将增强县（市、区）资源配置能力，提升开放枢纽功能，进一步强化口岸对区域发展的辐射带动作用。

2. 义乌智慧陆港打造对外辐射桥头堡

数字技术赋能促进"义乌港"打破地理概念，营造无水码头的陆港联动新业态，与义乌"世界小商品之都"相辅相成，打造国际贸易"始发港"和"目的港"，成为义甬舟开放大通道的战略支点、宁波舟山港的"第六港区"。当前，义乌港与宁波舟山港港务、船务一体化取得阶段性成果，两港EDI数据互联互通，基于北斗定位系统的转场监管模式运转顺畅，实现了集装箱在

第七章　数字赋能浙江县域开放发展探索与展望

宁波舟山港的跟踪和查询服务。国际贸易"单一窗口"铁路运输项目国家试点取得成效，推动口岸出口作业平均时长从70小时缩减到4小时。"环球义达"国际物流综合服务平台上线，开辟140条国际物流专线，通达68个国家800余个海外城市。深化智慧园区打造与口岸功能叠加，做深做实辐射内陆桥头堡功能，进一步提升义乌地区集输能力。

3. 萧山智慧空港建设带来经济发展蝶变

萧山区叠加自贸区和临空经济区优势，把握前亚运机遇期，推进数字赋能，打造智慧空港。建设"一个云上数据中心"，汇集各机场生产保障、经营管理数据互联互通；展现"一张图"，搭建多级互联的信息平台，实时掌控全省机场生产运行情况；开发"一个移动终端"，研究建设浙江机场掌上移动旅客服务平台；集成各机场各分项机场服务事项，实现"一屏智享，全省飞行"。打造一流智慧空港，不断提升便利化通达水平，建设链接全球的智慧物流枢纽。带动萧山区跨境电商发展，依托空港优势打造"买全球、卖全球"的新型国际贸易中心。

4. 各地信息港建设持续发力

信息港建设更加突出"联"动发展。例如，宁波舟山港持续打造智慧信息港，通过引入宽带卫星、卫星AIS、船载远海综合监管系统等先进手段构建海上信息感知网络，打造港口数据和资源交易共享平台，开发智慧港航信息决策平台系统，建成"智慧港口云数据中心""生产业务指挥中心""客户服务中心"。搭建"四港"联动智慧物流云平台，为货主、货代等主体提供"门到门"物流服务，实现"一点接入、四港联通，一次查询、全程可视，一单到底、货畅其流"。

四、数字服务出口丰富县域开放发展新业态

信息技术正在推动国际贸易方式创新、优势转化和效率提高，服务贸易范围不断拓展、交付模式不断创新，催生出数字服务贸易新业态，进一步推动数字文化"走出去"，促进县域开放发展业态更加多元化，以数字服务为

本畅联全球。

1. 滨江加快提升数字服务出口影响力

素有"国际滨"之称的杭州滨江，抢抓数字"新机遇"，提升数字服务贸易生态体系稳定性与数字服务出口国际影响力。2020年，滨江物联网产业园获得首批国家级"数字服务出口基地"的称号；2021年1月，滨江区全面部署自贸试验区滨江区块建设，全力打造全球数字自由贸易中心；5月，浙江省国际数字贸易协会贸易数字化专业委员会正式落户滨江互联网小镇；6月，自贸大厦数字云客厅正式启用；9月，发布的浙江省数字贸易百强榜单中滨江区38家企业上榜，领跑全省。依托上千家从事数字服务贸易的高新技术企业，滨江区大力发展以数字技术为支撑、高端服务为先导的"服务+"整体出口产业，数字化服务外包和技术贸易规模持续扩大，通过与国外城市合作实现全面对接世界优质资源。

2. 东阳横店影视文化"走出去"步伐加快

东阳依托横店影视文化产业集聚区，打造影视文化全产业链"东阳样板"，不断提升影视文化企业和影视文化精品国际化水平。2020年横店影视文化产业集聚区中文化出口企业数量达到30余家，其中国家文化出口重点企业3家，省级文化出口重点企业4家。出口影视作品知名度显著提升，《琅琊榜》《大江大河》等国产电视剧海外热播，作品发行至20余个国家，正在悄然形成一股势不可挡的"华流"。影视文化企业积极构建海外影视输出网络，开拓海外影视市场，如华谊兄弟、三尚传媒、欢娱影视等公司目前都已建立了海外发行渠道与网络。

3. 德清引领全球地理信息服务2030可持续发展

德清早在十年前就积极抢抓地理信息产业发展机遇，超前布局建设地理信息产业园，真正从本质上实现了应用，进入加速发展阶段。近年来，德清聚焦打造"国际一流地理信息技术标准组织"目标，全面打通产业基础研究成果的专利化、标准化、产业化通道，实现地理信息技术与社会、经济、环境的可持续发展以及相互间的转化。并以标准化为桥梁，最大力度地支持德

第七章 数字赋能浙江县域开放发展探索与展望

清标准"走出去",让更多的德清产品、德清技术服务全省、全国乃至全球。2021年,德清成为联合国全球地理信息知识与创新中心的落户地。该机构落户将推动我国践行联合国2030可持续发展议程,推动地理信息产业在更广阔的更专业平台上做大做强,极大提升德清县域发展国际化水平。

第三节　数字化改革形势下展望县域开放发展的美好图景

数字化新外贸方式日益成为县域开放发展的重要动力。数字化基础设施、开放平台、产能合作、文化交流等推进将进一步扩大县域对外开放的国际市场空间、链接全球资源，加快推动县域经济发展，提升国际竞争力。

一、以数字设施建设为先导，共建县域互联互通开放新体系

数字基础设施互联互通是县域开放发展的重要基石。浙江省县域应大力提升数字化基础设施建设，促进通信、电力、交通基础设施的国际合作，发挥浙江省数字经济龙头企业"走出去"优势，加强对区域性数字新型基础设施建设投资，积极与相关国家分享数字经济发展经验，消除"数字鸿沟"。推动各县（市、区）积极接入浙江省"一带一路"数字应用平台建设，促进信息的多向流动，打通"数字瓶颈"，消除对外开放的信息壁垒，为实现信息资源跨地域跨国界的交流提供良好的动力支撑。

二、以数字贸易发展为重点，扩大县域对外开放新空间

数字贸易是推动县域开放发展的最大动力，是最为重要和实际的内容，也是浙江最大优势所在。为此，要推动各县（市、区）以做大做强跨境电商为重点，引导传统外贸和制造企业运用数字贸易平台实现在线化、直接化发展，扩大数字贸易规模，促进数字贸易产业链、供应链和价值链的优化，拓展县域跨境电商发展与"一带一路"沿线国家和地区合作空间，加快数字贸易品牌出海步伐，充分利用两个市场、两种资源，融入国内国际双循环贸易通道。

三、以数字经济合作为支撑,提升县域产业链国际化水平

加强国际产能合作是县域开放发展的重要支撑。为此,要大力推动建设"数字丝绸之路"经济合作试验区,开展与"一带一路"共建国家的城市间合作,加强数字经济创新创业孵化、知识服务和数字技能培训。加快联合国全球地理信息知识与创新中心落地并高效运行,推动遥感、卫星等地理信息技术服务"一带一路"建设。提升乌镇互联网创新发展综合试验区等平台的国际化合作水平。引进培育一批具有全球服务能力的公共云服务商。推动县域积极融入全球产业链、供应链重塑变革,利用国际要素提升县域产业发展现代化水平。

四、以数字人文交流为纽带,增强县域促进民心相通新动力

民心相通是推动构建人类命运共同体的客观要求,也是促进全面对外开放行稳致远的内在动力。浙江省县域积淀着丰富的优秀文化资源,通过数字化技术和手段,激发唤醒这些沉睡多年的资源,并通过数字化手段促进优秀文化产品输出,进一步扩大文化的国际影响力,以文化为纽带在不同国家、地区之间架起互信合作桥梁。探索借助数字化技术,组织开展国际网络会议等新形式,加强国际交流合作。通过教育、文化等数字内容开发和分享,增进浙江省县域与沿线国家文化交流、民心交融。

第八章
数字赋能浙江县域共享发展实践与展望

以互联网、大数据、人工智能为代表的新一代信息技术日新月异，给各国经济社会发展、国家管理、社会治理、人民生活带来重大而深远的影响[1]。《国家"十四五"规划和二〇三五年远景目标纲要》明确提出"加快建设数字经济、数字社会、数字政府，以数字化转型整体驱动生产方式、生活方式和治理方式变革"。习近平同志在浙江工作期间作出了"数字浙江"建设的重大部署[2]，数字化改革是"数字浙江"建设的新阶段，是政府数字化转型的一次拓展和升级。数字化改革的重点任务是构建"1+5+2"工作体·系。其中数字社会综合应用就是"5"个综合应用之一。数字社会是以城市大脑等数据为支撑，以满足群众高品质生活需求和实现社会治理现代化为导向，为人民群众提供全周期、全领域的多样、均等、便捷的公共服务，为社会治理者提供系统、及时、高效的管理支撑，使人民群众在日常生活中感到让城市和乡村变得更安全、更智能、更美好、更有温度。

第一节 数字化改革推动共享发展的形势要求

一、进一步推动全民共享

2021年5月20日，党中央、国务院印发《关于支持浙江高质量发展建

---

[1] 2018年，习近平总书记致"中国国际大数据产业博览会"的贺信。
[2] 2003年1月16日，习近平同志在浙江省第十届人民代表大会第一次会议上指出："数字浙江是全面推进浙江省国民经济和社会信息化、以信息化带动工业化的基础性工程。"

第八章　数字赋能浙江县域共享发展实践与展望

设共同富裕示范区的意见》，赋予浙江在新时代引领示范建设共同富裕的重大使命。缩小地区差距、城乡差距和收入差距是建设共同富裕美好社会的核心内容，而数字化改革对于缩小三大差距具有重要的推动作用。例如，农村电商设施和服务体系的不断完善，可以打通农产品的"最先一公里"，使农产品更便利快捷地进入城市市场，从而提高农民的收入。同时，数字农业、智慧农业的不断发展，极大地提高了农业生产的效率和农产品的品质。此外，工业互联网、VR和5G等数字技术也给传统行业和附加值低的行业带来了新的发展机遇。例如，工业互联网提升了制造业中加工组装环节的利润率，使"微笑曲线"变得更加平滑，还降低了传统行业的设备故障率等损耗成本，从而提高了这些行业从业者的收入。最后，代际差距是地区差距、城乡差距和收入差距的一种重要的表现形式。刚参加工作的青年往往面临着收入低、生活压力较大等现实问题。数字经济和广大青年有更多的关联，创业成本低，并且创新需要新思维新想法。因此政府也要借助数字化改革创造良好的营商环境，降低青年创业成本，打造青年友好型和创业友好型城市，缩小代际差距。

二、进一步推动服务共享

数字技术能够不断扩展社会服务覆盖范围和用户群体，增加优质低成本服务供给，不断提高人民群众的获得感、幸福感、安全感。例如，在教育方面，在线教育和互联网教育提供的大量优质视频课件资源、在线答疑及交互性社区，可以有效促进优质教育资源均等化。在医疗方面，数字技术促进远程诊疗、远程手术的广泛应用，让患者能够更加便捷地享受优质医疗资源。在文化方面，数字技术为文化传播带来新活力、新体验。比如，数字博物馆可以通过整合资讯、导览、展览、文创等多类文化资源与服务形式，让人们足不出户游览博物馆。在家政服务方面，数字技术克服了信息不对称带来的种种弊端，通过建立覆盖从业人员的数据库，实现同需求方的高效精准匹配，大幅提升了服务满意度。

三、进一步推动共治共享

在数字技术推动下,以民主参与、集体协作、自组织和自我调节为特征的网络社会正在加速形成。在传统社会组织和结构向扁平化、多中心模式发展演化过程中,基于在线合作、分享互助的协作社区逐步形成。在抗击新冠肺炎疫情过程中,全国各地许多志愿者自发组织起来,同社区工作人员一道,通过线上线下的多种形式,在社区疫情监控、追踪、隔离以及封闭期间居民生活保障方面发挥了重要作用。同时,互联网平台成为民众参与政治议程、公共政策和政府感知社情民意的重要渠道。网上听证、网络民意调查等网络化、数字化方式不断拓展公众政治参与的广度和深度。比如,在"十四五"规划编制过程中,通过互联网向全社会征求意见和建议,开门问策、集思广益,取得了很好的效果。政务微博、政务微信让政府同民众实现了"指尖上的对话"。同时,浙江省多地通过构建社区一体化融合大平台,整合了社区服务和治理,实现了"上面千条线,下面一根针"的高效精准对接,提升了社会治理的精细化水平。

四、进一步推动便利共享

数字技术助力政府职能转变,在"互联网+政务服务"上取得了相当明显的进展。全省各类在线政务服务平台和政务 App 已上线运行,极大提高了政务效率,"一网通办""异地可办"等依托在线政务服务平台的改革举措成效显著。通过上线电子证照,支撑实现了部分政务服务事项"免证办"。随着政府数据资源共享积极推进,政务信息共享的大动脉逐步打通,各省级政务数据共享交互平台陆续建成。同时依托省级数据共享交换平台,各部门提供的在线数据查询核验,支撑着跨部门、跨区域数据共享交换。同时,"互联网+监管"平台主体上线运行后,实现了对违法行为早发现、早提醒、早处置,推动了建立集行政执法监管、经营者自律、社会监督为一体的消费者维权社会共治体系。

第二节　数字赋能推动共享发展的实践经验

自全省数字化改革全面启动以来,各地基层均结合自身需求和特点,立足未来社区、数字乡村,围绕幼有所育、学有所教、劳有所得、住有所居、文有所化、体有所健、游有所乐、病有所医、老有所养、弱有所扶、行有所畅、事有所便等领域,更好满足群众对高层次、多样化、均等化公共服务的需求,在建设场景化、人本化、绿色化、智能化的美好家园,推动共享发展过程中取得了显著成效,形成了一批典型经验做法。

一、数字托育:余杭助力家长舒心育儿

杭州市余杭区结合实际积极探索,发布数字化改革"创景计划",以"大场景小切口"为着手打造重大多跨场景。余杭每年吸引大量年轻人创业就业,再加上"三孩"政策落地,托育成为群众关切的重点民生领域。因此,余杭发布"舒心育儿"场景应用,既为家长提供贴心的育儿服务,也能精准、动态展现全区婴幼儿照护整体情况。

孩子入托"一键匹配"。在浙里办 App 内的"托育一件事",地区选择"余杭区",就找到了"舒心育儿"服务端入口。通过支付宝和微信内的"健康余杭"小程序,也能找到入口。点击"我要入托",家长就可以查询余杭区内任何一家托育机构的有关信息。点击托育机构,机构的实景图片、面积大小、是否备案、收托规模、开办日期、收费标准、机构星级、剩余托位数、从业人员数量及类型等信息都有。通过这些信息,家长大致可以判断是否符合自己的需求。如果觉得这样比较烦琐,还可以点击右上角的"一键匹配",根据实际需求填好地理位置、是否备案、机构面积、服务内容、收费标准等信息,就能筛选出符合条件的托育机构。

七大功能助力舒心育儿。在"舒心育儿"界面,有"致家长""要入

托""优课堂""经典档""金点子""健康宝""入学堂"七大模块。这些功能服务，大部分是回应调研中家长最关心的育儿热点需求。比如，"经典档"会每月推送一本育儿经典书籍，让家长通过读书，用正确的理念培养孩子，让孩子健康快乐成长。"优课堂"链接图书资源，免费提供阅读；发布婴幼儿成长驿站、医疗机构等推出的亲子活动和公益课堂信息，家长可以免费预约。"健康宝"则打通了医院儿童保健信息，展示婴幼儿成长曲线和发育水平，为家长提供体检结果和指导意见；家长也可以记录孩子的成长足迹，绘制孩子健康成长画像，为孩子的健康保驾护航。

推动托育机构健康发展。在治理端，可以通过数字驾驶舱全面展示全区托育机构数量、分布情况、备案情况、价格分布、卫生评价情况等。比如，对备案和未备案托育机构，可以进行差异化展示，从而引导托育机构积极备案。余杭期望通过让家长查看不到未备案托育机构的详细信息，只显示名称、地址、电话这种方式引导家长选择已备案且规范运营的托育机构。同时，余杭还将依托"舒心育儿"场景应用，建立托育机构质量评价（星级）标准，与托位补助挂钩，引导机构积极备案。建立卫生健康、公安、市场监管、住建、消防等部门协同的数字化监管体系，提高管理效能。根据群众在舒心育儿平台使用频率和需求调查，生成托育需求热力地图，促进托育机构合理布点等。此外，该场景应用还能展示全区婴幼儿分布情况、出生人口变化趋势、婴幼儿喂养、视力检查结果、高危儿体弱儿分布、儿童发育筛查情况，可分镇街进行比较和排名，促进各镇街提升儿童健康管理水平。

二、数字教育：全民数字学习平台

全省教育系统基于省域教育资源公共服务体系与学分银行，打造以人为核心的"学在浙江"全民数字学习平台。平台汇聚了各类学习资源平台，形成了贯通幼儿园、小学、初中、高中、中职、大学等各阶段的可信数字学习档案。同时，平台还与个人成长、生活服务等方面的应用进行协同，从而建成学校、家庭与社会共同参与的协同学习链，包括：

第八章　数字赋能浙江县域共享发展实践与展望

全民数字学习空间。整合了现有各类教育数字资源公共服务系统及在教育部门备案的在线培训机构登录入口，实现学习资源一站式呈现。建立了知识、能力图谱与诊断服务体系，可以深入分析学习行为与需求特征，适时发布分析报告。同时，平台还融合了学校教育、社区教育等，赋能线上线下学习渠道，还可以面向老年人开展智能技术应用教育常态化的培训服务。

可信数字学习档案。利用区块链技术，推进各部门颁发的职称证书、技能证书、荣誉证书、科研成果、志愿服务与培训记录统一汇聚，推进图书馆、博物馆、体育馆、科技馆等场馆借阅、参观、运动数据共享，融合各类在线培训机构学习记录，汇聚各教育阶段学生评价记录，形成可信学生数字学习档案。

学习资源供应管理。建立数字学习资源运营机制，组织开发全民学习数字化资源和在线课程，提供通用教学工具，打通数字化教育资源策划、创作、编辑、发行、审定、选用、采购等生产、准入、消费环节，构建全方位的资源建设质量与应用评价体系，实现各类学习资源的精准、高效配置。

学习成果转化渠道。丰富学分银行内涵，推动不同来源渠道、不同教育阶段学习成果的转换互认，有序开展学历证书和职业技能等级证书所体现学习成果的认定、积累和转换。创新学习大数据应用，深化学习成果在人才评定、就业推荐、技能认定、出行旅游、图书借阅、社区学习等场景下的协同创新。

三、数字医疗：智能化改善老年人就医体验

智能技术的广泛应用极大地便利了日常生活，但对于不会使用智能手机的老年人来说，反而对其出行、消费、就医等增加了困难。温州医科大学附属第二医院、育英儿童医院在智能化信息化推进的过程中，充分考虑到老年人等弱势群体的就医困难，并形成了一些经验做法。

刷脸进院。在医院入口设置多功能智能闸机，凭人脸及身份证、健康码、医保电子码可以实现健康码验证、体温读取、预约报到、核酸报告、身

份信息读取。该系统基于支付宝及温州市卫健委的人脸大数据库平台,可以实现百分百的老人身份证件调取健康码信息,90%以上老年人的人脸识别后读取健康信息,部分无人脸库特征码的可以走人工通道,在征得患者同意的前提下,可以人工采集其人脸特征码,方便其在后续就医过程中的智能识别与各种非诊疗操作行为。

智慧引导。候诊大厅及走廊安装智慧引导屏,可借助人脸识别、身份证读取、健康码或医保电子码实现患者的各类查询与自助操作功能,包括预约挂号、报告查询、缴费确认、3D导航、支付结算等就诊需求。对于没有手机的患者,凭人脸或身份证、医保卡都可以实现查询与预约、支付,对老年人的就诊引导服务更是一种便利

远程探视。基于微信小程序的视频技术,实现患者家属在家中即可与身处ICU的亲人进行视频通话,家属通过医院微信服务号提交探视预约申请,在医院规定的时间进行远程的定时探访。这种探访模式不仅满足了患者与亲友间的探视需求,还最大限度降低了疫情期间的传染风险。

手术e候厅。通过系统自动构建患者亲友群–患者专属的云上手术直播虚拟大厅,实现手术健康宣教、进度实时通告、术前术中多人视频、云上家属谈话室、复苏室直播等业务场景云化,方便亲朋好友通过微信群随时随地掌握手术动态,减少院感风险,提高医院手术的透明度、满意度。

四、数字就业:"信用就业"数字赋能平台

针对劳动关系双方主体"失信""缺信"等问题,温州市人社局以数字化改革为引领,通过数字赋能、系统集成,创新谋划"信用管理在就业方面的应用"(以下简称"信用就业")场景。"信用就业"从劳动者、用人单位及工作人员三方需求出发,突出业务协同和数据共享、流程再造和制度重塑,集成劳动者、用人单位信用信息,提供信用官方查询渠道。

建立"信用就业"互查平台。通过"信用就业"平台,用人单位可以全面掌握劳动者就业轨迹,同时劳动仲裁记录的查询功能也有利于避免劳动者通

过利用法律漏洞而拒签劳动合同、主动放弃缴纳社保等手段人为制造违法用工。对劳动者公开企业信用信息，能够倒逼用人单位规范用工，进而提高企业招工成功率，助力民营企业健康向好发展。

劳动者自主授权。以劳动者自主授权为密钥，破解信用信息公开与个人信息安全冲突难题。信用信息是严肃而严谨的，为保证信用信息不被滥用，应进行有条件地公开，"信用就业"通过劳动者自主授权的形式，将劳动者的信用信息向用人单位公开，且将使用范围限定于劳动用工领域。另外，政府工作人员因工作需要获取权限后通过应用查询劳动者信息、用人单位信息全程留痕，避免出现工作人员权限滥用等问题。通过这种方式，既实现信用信息有针对性地公开，也加强对个人信用信息的保护。

五、数字救助："统衢助"提升社会救助质效

为破解救助信息不对称、救助资源碎片化、救助过程不透明等难题，衢州市以数字化为抓手，以救助服务全公开为依托，深化救助"一件事"改革，创新搭建"统衢助"精准帮扶平台，形成"市域一体、条抓块统、信息共享、协同高效"大民生救助体系。

救助信息一站式集成。建立"统衢助"微信小程序，集成基础数据、救助政策及慈善项目等内容。打通"数据孤岛"，将12项24类信息接入浙江省大救助信息系统，实现救助申请自动核对，并将"两保户"等重点救助对象信息织成"一张网"，推进救助关口前移。梳理编制涉及9部门14类政策的救助"一清单"，专门开辟"政策解答"板块公布社会救助相关政策，以问答形式对最低生活保障政策、临时救助政策及特困人员供养政策等进行解读。

救助资源一体化统筹。搭建上下联动救助服务平台，市级层面大民生救助中心统一调度协调，县（市、区）建立联合救助中心，乡镇（街道）依托便民服务中心，村级层面在党群服务中心设立爱心帮扶驿站，以市县乡村四级救助体系为困难群众提供复合型服务。打造内外联动救助共同体，以党建

为引领、民政为主体、乡镇（街道）为重点，以慈善机构、社会组织、爱心企业及个人等为补充，形成党建群团助共体、部门助共体、村社助共体、社会力量助共体，已有100余家社会组织入驻"统衢助"平台，领办超90%的救助信息，为经济薄弱村种下近万株长寿果苗，预计可为村集体增收近200万元。

救助过程一条龙追踪。全国首创救助场景应用平台"爱心直播间"，将救助全过程搬上网，以直播形式将公益组织、爱心人士等救助力量的物资直接匹配到有需求的困难群众手中，实现救助全程可追溯，提高救助工作公信力。信息留痕配套一体考评"赛马制"，依托"群众线上求助、民政平台统筹、社会组织领办、线下快速救助、救助成效公开"的闭环化智慧救助模式，平台"救助剪影"模块实时呈现救助进展情况和办理结果等数据，"助人金榜"模块实时更新公开救助成果并进行排名，有效推动社会救助一网智治，真正实现"求助一点灵"。

六、数字体育："浙里炼"打造数字体育"新窗口"

宁波市"浙里炼"体育健身服务协同应用成功入选2020年"浙江省观星台优秀应用"，在全省入选观星台的73个案例中是唯一已建成的体育类优秀应用。在"浙里炼"中，除了最基本的订场购票的功能外，培训指导、赛事活动、云上体博会、一人一技公益培训、体育消费券、体质监测、运动榜单等16项服务均可在线上实现。

人性化体验，完善全民健身服务。通过场馆智慧化改造，引入自助服务机、人脸识别闸机、自助手环发放机、智能更衣柜、监控系统等智能化硬件，提高了场馆管理效能，管理者可在手机端实时查看场地情况和后台运营管理平台。同时还可基于中心各大门和各场馆的客流量统计系统，实现对经营数据与客流数据综合应用，实现客流引导疏散、场馆功能区域设计等多项智慧化应用。据统计，平台上线仅半年就产生订单8.3万笔，成交总金额达338万元。用户互联网订场率超过80%，自助化服务率超过90%，电子支付比例提升至90%以上，大大提升了场馆管理效能，降低了运营人力成本。同时，2020年平台发放各类体育消费券1175万元，既优化了现有体育场馆免费低收费开放形式，又刺激拉动了体育消费。

精准施策，提升政府治理效能。随着"浙里炼"的逐步推广，可以形成国民体质数据库及群众体育现状数据库，从而为市民体质的提升及健身运动的有序推进提供准确的数据支持。例如，通过"浙里炼"实现用户实名制订场购票、报名参加赛事活动身份信息的核实；实现宁波市个人信用分纳入体育场馆优惠服务，推动"信用宁波"和"健康宁波"大融合。下一步，"浙里炼"还将和卫健委个人健康信息数据库对接，实现高危运动项目事前预防和游泳馆数值数据实时公布；与市综合管理局对接，解决公共体育场馆停车难等问题。未来，宁波体育数字化建设将会逐步升级，进一步利用大数据、物联网、5G、云计算等新兴技术，以资源聚集、产业联动、服务共享和社群融合为建设目标，逐步实现线上赛事、智慧体育公园、百姓健身房等更多体育数字应用场景。

七、数字文化：海盐打造公共文化服务数字变革高地

海盐县以文旅融合和全域旅游发展为契机，全面推进文化和旅游行业数字化改革，大力提高公共文化服务整体服务效能。早在2014年，海盐县便开始了公共文化服务领域的数字化改革的探索，上线运行了海盐县公共文化服务管理和绩效评估系统，在省内首个实现了"县、镇、村"三级公共文化服务的动态管理和评估。2018年引入更加先进的管理理念，突出了群众需求反馈与公众参与。随着平台的运用，海盐的公共文化服务效能始终保持稳步提升，进一步促进了公共文化服务的标准化、均等化、集约化、精准化，全县公共文化事业得到飞速发展。

实现量化覆盖。海盐县公共文化服务管理和绩效评估系统包括需求调查模块、绩效评估模块、群众满意度模块、报表分析模块等多个模块，内容覆盖了文化设施、文化活动、文化队伍等多个方面，操作和使用者涵盖了公共

图书馆、文化馆、非遗展示场馆、镇（街道）文化站、农村文化礼堂和社区文化家园、文化下派员、村级专职文化管理员、广大服务受众等多个群体。终端覆盖了 PC 端、移动端。坚持科学量化的设计理念，将省、市、县重点的公共文化服务标准均纳入系统指标，同时也从数字化管理的视角制定了管理规范和考核标准，包括文化馆总分馆制度、基层文化"两员"制度等均纳入系统管理。

实现过程可控。海盐县公共文化服务管理和绩效评估系统的运用贯穿公共文化服务的全过程。从服务需求调查开始，依次经历活动点单，活动预告，活动预约，活动结果采集，主管部门审核，群众评价反馈等环节。系统启用后不再单单以结果评价公共文化服务的效果，率先实现了公共文化服务从终端管理到过程化管理的转变。通过服务流程的各环节相互联系形成了链条式公共文化服务完整流程，在各个节点上，各种线上、线下的监管手段都可以有效介入，形成真正意义上的过程化管控。同时注重数据的利用，每季度形成统计与数据分析报告，提供决策依据。年末相关数据为目标责任制考核提供数据支撑。

实现数据共享。实现数据共享，是提高信息资源利用率，可以使更多的人更充分地使用已有数据资源，减少资料收集、数据采集等重复劳动和相应费用。在浙江省智慧文化云上线之后，海盐县积极响应，突破多个技术难关，在全省各县市区中首个实现与浙江省智慧文化云跨平台数据共享，实现了"1+1"大于 2 的效果。

八、数字志愿："志愿浙江·邻里帮"多跨场景

省委宣传部积极推进"志愿浙江"赋能未来社区建设，打造互助式帮扶式共享式的"邻里帮"场景，积极发挥志愿者作为共同富裕示范区建设主力军作用，推进"帮共体"建设，提升社区治理能力和人民群众幸福感、获得感。

从群众高频需求出发，打造多跨协同场景。梳理出群众高频需求 60 多

项，联合多部门打造关爱助老、四点半课堂、心理援助等12个多跨应用场景，创新建立以志愿银行为基础依托的文明实践社区志愿服务长效机制。

从数据资源共享出发，实现双向互通赋能。以志愿浙江数智系统为数据支撑，打造与志愿浙江数据互通、资源共享、功能互联的邻里帮场景，为社区提供派单服务、志愿地图、组织招募等功能。邻里帮则通过社区共享式互助式帮扶式的志愿服务，采集社区志愿服务供需双向数据，回流志愿浙江平台。

从社区实际情况出发，开发特色应用模块。在邻里帮通用版的基础上，鼓励各社区结合自身实际，开发个性化应用模块。如杨柳郡社区结合商业街特色，建设了we志愿小站；葛巷社区打通卫健医疗机器人系统，推出了特色医疗志愿服务；大渡社区以共享理念为核心，开发了共享车位、共享工具、拼多多等模块；宾王社区以调解矛盾为目标，开发了和事佬志愿服务模块。

九、数字治理："星海守望"未成年人违法犯罪预防治理平台

"星海守望"未成年人违法犯罪预防治理平台（以下简称"星海守望"），是诸暨市未成年人检察部门提供给实施违法犯罪行为的未成年人及其监护人、开展帮教工作的社会团体人员等使用的数字系统。系统打通公安、检察、社区矫正等职能壁垒，整合多类型社会力量，共同预防治理未成年人违法犯罪。整个系统包括三个部分：

"星海守望"小程序。实现未成年人、监护人及社会教育团队学习、帮教、申领公共服务等功能。未成年人通过小程序进行线上学习、线上线下互动。

管理平台。实现数据采集、平台管理、工作交接等功能，依托大数据融合，精准罪错分级，制定个性化帮教方案。同时系统向监护人提供实时定位、私教申请、就学指导等公共服务，提升监护人的家庭教育能力，帮助监护人提高家庭教育质量。

监控大屏。实时更新数据，展示当下未成年人违法犯罪现状、"星海守望"用户、任务使用情况、异常信息监控等。监控大屏可以更精准地了解未成年人的活动情况、学习情况，监护人的学习情况，社会团体的帮扶情况，进而规范、细化、落实对未成年人的帮扶教育。

十、数字共富："浙农码"成功赋码安吉白茶

安吉积极统筹"三农"应用场景，基于"浙农码"将农业信息系统中的数据进行统一和归集，为安吉白茶建立统一的数字身份，赋能乡村振兴。

"码"上追溯，品质有保障。统一设计"浙农码"二维码实体标签和扫码界面，产品入市均需要申请使用"浙农码"，手机扫码即可获知产品信息、品质追溯、基地信息、智能监测等信息，实现品牌和展示信息的可控管理，为产品品质提供背书。

"码"上分析，预警保效益。安吉白茶核心生产基地安装环境监测站，配置全景可视化视频监控、水肥一体化智能灌溉、农产品质量监测等智能管理装备，实时传输生产、加工等数据信息至"浙农码"数据中心，做出科学的风险分析预警，最大限度减少成本和损失，保证茶农的收益。

"码"上联通，链接数据仓。将不同系统中涉及安吉白茶的经营主体信息、生产要素信息、烘干加工信息等三大类要素信息数据统一赋码，形成"浙农码"安吉白茶全产业链大数据仓，可完成对安吉白茶的点、线、面、体多维度数据分析，实现数据分析应用，有效指导产业发展和管理。

第三节　数字化改革推动共享发展的未来展望

当前，以数字化改革推进共享发展已经处于全面铺开阶段。下一步，浙江省将进一步体现以人民为中心的执政理念，进一步聚焦群众的高频需求和民生热点难点堵点问题，加快形成体系化标志性的数字社会重大应用、理论和制度成果。同时力争形成一大批可示范可推广的做法，形成浙江经验，推出浙江模式，助力共同富裕示范区建设，为全国共享发展作出贡献和表率。

一、统筹谋划，提升社会领域数字化能力

充分发挥省级相关部门职能作用，围绕"婴育、教育、就业、居住、文化、体育、旅游、医疗、养老、救助、交通、家政"等民生关注的重点领域，结合省政府工作报告关于民生实事的年度重大任务，创造性探索"一件事"集成协同场景，持续推动公共场所服务提升，推进公共服务供给创新，大力推动基本公共服务均等化。同时持续开展跨部门多业务协同及子场景梳理工作，明确每项子场景的领域、事项、指标、协同关系和数据项等内容，制定系统集成清单和数据共享清单，绘制数据集成流程图和业务集成流程图，形成跨部门多业务协同的场景应用。

二、系统集成，拓展数字社会多场景应用

全面迭代提升城市大脑能力，以应用场景为牵引，以一体化智能化公共数据平台为基础，完善提升各设区市城市大脑支撑能力。充分运用大数据、人工智能等技术，实现全量、全时、全域感知，构建更加智能化的城市大脑。以满足社区居民数字社会美好生活需求为牵引，持续迭代提升未来社区智慧服务应用，集成社会事业各个领域公共服务，率先提供数字生活、数字教育、数字交通、数字旅游、数字养老、数字健康等新服务跨部门协同应用，落地

"未来邻里、教育、健康、创业、建筑、交通、低碳、服务、治理"九大场景，创新有机统一的新人居空间，形成数字社会城市基本功能单元系统。持续推广应用浙农码，创新"跟着节气游乡村"等场景应用，打造一批可复制、可推广的数字乡村振兴应用场景典范。充分运用数字技术手段，加快数字就业、数字文化、数字救助、数字养老、数字旅游、数字交通等服务直达乡村，迭代升级"礼堂家"农村文化礼堂应用，促进城乡融合发展。

三、优化运营，促进数字应用可持续发展

进一步强化政企协作，迭代提升"政府出资建设+政府运营""政府主管+国有企业控股建设运营""政企共建+企业运营""政府赋能+企业建设运营"等四类可持续运营模式，更好发挥市场力量参与数字社会建设。鼓励基层创新，完善"一月一路演"机制。同时强化对于网络数据安全的重视程度，推进省市县做好数字社会网络安全等级保护、备案、测评等工作，建立常态化网络安全运营体系。引入社会多元化评价，持续强化监测。坚持建管联励，完成数字社会门户建设质量监测，推动打造群众易用爱用、可持续运营的数字社会门户。

四、提炼总结，及时推广成熟可复制经验

秉持"成熟一个、纳入一个"原则滚动形成多跨场景培育库和重点项目表，建立"最佳实践"激励创新机制。将已经建成、运用效果好、群众评价高的多跨场景应用甄选出来，总结应用建设经验和运营经验，梳理形成系统建设的业务规范、数据共享规范、业务协同经验，大面积复制推广。对正在开发和新谋划的多跨场景，应基于一体化智能化公共数据平台数据，围绕公众需求综合谋划提出可在全省推广复制的多跨应用新场景。对进入省级试点、省级示范和中榜"揭榜挂帅"的项目，及时总结提炼经验，形成可在全省复制推广的操作指南。将数字社会系统建设纳入岗位目标责任制考核，完善揭榜挂帅、项目联审、财政保障等制度，营造争先创优氛围。

案例篇

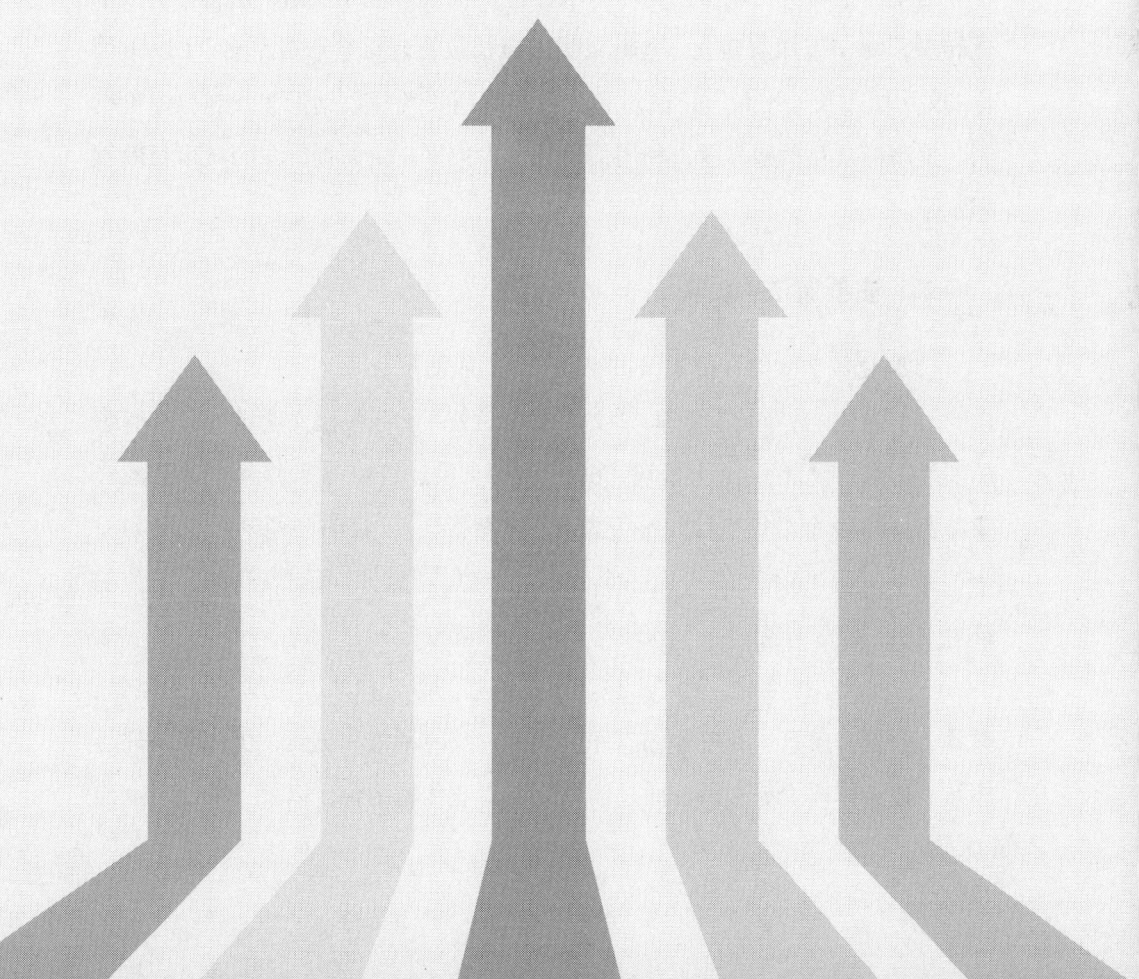

第九章
数字引领创新发展类

第一节　海宁市：以文明"潮指数"推动文明城市长效管理

一、案例概况

为全面推动文明城市创建向全域推进，长效管理综合化、信息化、数字化转型，海宁市探索建立"全国文明城市长效管理综合服务平台"（以下简称"文明城市长效平台"），通过整合各类部门资源、数据资源，规范评价机制，提高群众互动参与度，利用信息化、大数据，全面提升文明城市长效管理水平。

二、主要做法

1. 强化数字赋能，推进城市管理"一码通测"

（1）强化"数字化"管理。"文明城市长效平台"根据文明城市日常管理的实际需求，设置了12大模块、68个测评类别、1784个采分点，对市区86条路街、9349个沿街点位统一设置文明"潮指数"，目前已经录入点位7151个，每个文明"潮指数"对应一个商铺、单位，扫码即可知该商铺、单位的环境卫生、垃圾分类、停车秩序等具体指标情况。

（2）突出"标准化"测评。整合市场监管、综合执法、住建、卫生监督、教育、公安、民政、商务等部门评价指标，及时调整和更新，优化整体评价体系，让工作评价更全面。通过信息化与专业化的结合，以及各单位对创建标准的细化、拓展,将各点位测评标准提炼为采分点,实现各项测评标准要求的无遗漏、评价机制规范统一。将整合后的各部门标准融入《海宁市巩固全国文明城市创建实地测评标准》,同步整理后下发《文明(卫生)创建复评各实地测评点位具体采分点》。

(3)注重"系统化"推动。通过"一条街统测"的模式,实现经营主体信息一次性采集、一体化评估,减少多部门、多条线各自为战,推进基础信息采集、文明"潮指数"(创建成效)评估"最多跑一次",以便全面及时掌握各主体文明信息并给予精准监督。

2. 强化整合运用,推进信息资源"共促共享"

(1)推进信息一次采集。通过统一由专业第三方负责实地点位的信息采集工作,提升日常监管的广度、精度和频次,将有限的行业管理、部门执法资源用在关键点,提升日常监管精准度。截至目前,信息采集员在市区(四个街道)共检查32927次,基本实现市区范围主要区域全覆盖。

(2)加强信息集成运用。整合各类部门资源、数据资源,通过部门联动、信息采集、第三方评估、市民即时扫码、文明指数评价等多形式、全流程操作,实现各行业、各区域文明指数全面评价、综合分析。通过大数据分析,准确掌握文明创建工作中难点。例如,通过对商场周边的乱停车问题、水果商铺周边垃圾清理问题等的分析,精准科学规划停车位设置、保洁人员配置等。

(3)畅通信息交流渠道。在做好平台数据分析的基础上,强化文明办与街道、社区、综合执法等部门常态化沟通和联系,建立路段联动工作群,及时将所发现的各类城市管理问题发送到工作群中,由属地和相应部门商讨解决,加大问题的及时交办、高效处置力度。

3. 强化工作实效,推进问题监督"一线解决"

(1)广泛发动参与。依托"文明城市长效平台",市民群众可扫文明"潮指数"上传商铺、单位的不文明现象照片至系统后台,帮助开展监督督查。截至目前,已收到群众反馈563条,有效反馈198条。

（2）强化引领示范。充分利用"文明城市长效平台"收集到的相关问题数据，建立文明示范"红黑榜"，定期予以公示通报，对积极配合文明创建的商铺、单位给予荣誉激励，对不配合、不文明的现象进行集中曝光，更好地发挥舆论监督、群众监督的积极作用。

（3）加强闭环处置。信息采集员在完成日常信息采集的同时，协同工作人员和志愿者开展"路长制"工作，加大对小问题的自行处置，如铲小广告、捡拾垃圾、清理杂物、复位少量移位的井盖等。通过实行小问题不走"大循环"，加强立整立改，不断提升文明城市长效管理水平。

三、典型意义

1. 统一标准，一体化评估

通过"一条街统测"的模式，对文明"潮指数"实现店前、店内、店后信息一次性采集、一体化评估，减少多部门、多条线各自为战，实现各项测评标准要求无遗漏、评价机制规范统一。

2. 整合资源，精准化监督

通过系统完善、信息采集、文明指数评价、红黑榜发布等措施，实现各行业、各区域文明指数评价、分析，进一步推进了基础信息采集、"潮指数"评估"最多跑一次"，为文明创建的长效管理进行数字化赋能。

3. 人人共建，互动性参与

广大市民既是文明城市的享有者，也是文明城市创建的主力军。有了文明"潮指数"码，人人都是志愿者，扫码就能做志愿。提高群众互动参与度，具有领先性，有在全省复制、推广的意义。

第二节 义乌市："互联网+不动产登记"领跑全国

一、案例概况

自2019年被自然资源部列为不动产登记"综合创新示范"试点以来，义乌以"便民利企""优化营商环境"为改革目标，以数字赋能为引擎、制度重塑为手段，通过部门多跨协同，高标准打造"互联网+不动产登记"创新应用场景，实现不动产登记"零跑腿""零材料""零等待"。"义乌市不动产登记在线服务平台"上线以来，共享获取29类数据585628条，不动产登记"全流程"网上办件率达到90.1%，登记"零材料"申报率从改革前的6.9%提升到95.6%，得到了企业和群众的一致好评。

二、主要做法

1. 坚持问题和需求导向，明确改革目标

改革前，企业和群众（服务端）办理不动产交易登记，涉及建设、税务、市场监管、登记等多个部门，所需材料多，来回跑路烦，排队等候时间长；同时，存在获取不动产及其相关信息路径不通畅，纸质证书、纸质票据使用不方便等问题。在治理端，部门协同效率低，业务办理时间长；纸质证书、纸质票据、纸质档案管理手段落后、不能适应数字化要求；业务监督缺乏手段，信息集成应用不够广泛等问题。因此，亟须通过数字化改革，来切实解决上述问题。

2. 采用V字模型，开展场景建设

运用V字开发模型，对协同场景按照"下行"拆解、"上行"集成的标准方法进行逐一迭代和推进；不断优化指标、机制、制度和评价体系，最终形成不动产登记数字化改革成果体系。

（1）任务定义。针对不动产登记难点堵点，以问题和目标为导向，以打造在线平台为切入点，使企业和群众可通过手机或电脑，在任何时间、任何地点办理所有不动产登记业务，建立群众满意、规范高效的不动产登记新机制，实现以"全业务覆盖、全流程在线、全时空通办、全态势监控、无纸质申报、无纸化管理"为重点的"四全两无"不动产登记新模式。

（2）任务拆解细化。以核心业务梳理为主线，按照业务分类，将"互联网＋不动产登记"大场景建设任务拆解成若干子场景建设任务。义乌将不动产登记业务类型划分为14类45项121个子项。

（3）确定牵头和协同单位。针对每个业务子项（子场景或小任务），确定牵头单位和协同单位。义乌试点共涉及与大数据中心、税务、建设、法院、档案等10个单位的协同（以国有建设用地使用权及房屋所有权转移登记为例）。

（4）建立指标体系。根据"互联网＋不动产"大场景，制定全业务网办率、零材料申报率、全流程网办率、办件办结时效、跨部门事项业务融合实现率、企业群众满意率等可量化、可感知的指标体系，检验场景设计目标是否实现。

（5）确定数据需求。针对每个业务子项，对原申报材料进行梳理，按照取消、保留、优化（系统生成、在线认证、在线签订、共享获取）进行分类。通过梳理，义乌原申报材料334份次，取消121份次，保留5份次，优化208份次。对在线认证、共享获取所需要的登记材料，形成数据需求清单，明确字段、格式，由市数管中心牵头提供。

（6）确定数源系统。通过梳理，除不动产登记数据外，部门外数据共享涉及10个单位、51类数据项、10个数源系统。

（7）确定业务流程。以"多跨场景"业务为重点，对121个业务子项的业务流程进行再造。

（8）确定数据集成流程。按照在线办理的需要，对每个业务子项的数据流程进行重构。结合义乌市原有不动产登记信息化成果，完善优化应用基础设施体系、数据资源体系、应用支撑体系。在内部数据共享方面，串联自然资源部门内部关联业务信息,实现与土地利用、规划许可、规划核实、调查测量等信息的共享到位;在外部数据共享方面,基于省、市、县公共数据平台或"总对总"业务协同办理平台,与公安、市场监管、民政、税务、住建等数源单位部门,建立信息共享集成机制。

(9)实施业务集成和数据集成。出台《义乌市不动产登记"综合创新"改革的实施意见》等改革政策文件、技术规范与标准,突破业务集成、数据集成障碍,解决存量数据质量提升、多人远程身份认证、电子签名签章、异地协同办理、在线缴纳税费、电子档案建立等难题。通过业务流与数据流的有效融合,研发在线服务平台。构建协同应用场景,打造综合集成、协同高效、闭环管理的工作运行机制。不动产登记流程数据和结果数据实时推送到省不动产登记信息汇交与监管系统,登记电子档案同步推送一份至义乌市档案馆。

(10)智能分析。强化"数字赋能",建立数据智能分析和业务流程监控机制。通过对特定时段数据分析,掌握不动产交易、抵押等重要信息的变化情况,为管理和决策提供重要依据。通过监测大屏实时发布业务办理情况,对业务办理态势进行全程监控,确保各类业务有序、高效办理,并为管理工作提供数据支撑。

(11)集成流程监控。围绕不动产登记121个业务子项,形成不动产登记业务办理规则,对每个业务办件所需的登记材料进行智能匹配,设置系统自动提醒,减少工作失误,对可能存在的问题和风险做到快速识别、定位和解决。

(12)任务整体画像。通过"互联网+不动产登记"大场景建设,形成了"四全二无"的不动产登记新模式;群众和企业(服务端)均可通过移动端、电脑或在义乌市不动产登记现场服务区自助设备,登录浙里办App或浙江政务服务网申请不动产登记,咨询不动产登记事项、查询不动登记进度与结果;不动产登记机构(治理端)可在不动产登记在线服务中心在线受理、审核、登簿,并形成电子证书、电子档案。建立了《不动产登记网办业务办理规范》《不动产登记信息平台建设改造规范》《不动产登记共享数据交换标准》《不动产登记数据安全管理规范》《不动产登记数据库补充标准》等五个技术规范与标准，为全国"互联网＋不动产登记"提供了借鉴。群众和企业对不动产登记工作满意度提升。

三、典型意义

1．申请"零材料"

企业和群众申请不动产登记"刷脸"可办，实现"零材料"申报。登记"零材料"申报率从改革前的 6.9% 提升到 95.6%。

2．服务"零跑腿"

依托不动产登记在线服务平台，申请人可随时随地在线进行不动产登记申请。同时，通过推动不动产登记与公证、法院、金融机构、公积金等部门关联业务的流程融合，形成了"一个中心、多点辐射"的不动产登记便民服务体系，让企业和群众办理登记业务更便捷。

3．办事"零等待"

通过系统与共享数据的智能校验匹配，电脑智能和人工辅助审核相结合模式，支持任何时间进行在线业务申报，提供"24 小时不打烊"服务，不动产抵押注销登记和权属信息查询实时在线办结。

4．登记"零风险"

通过部门数据共享获取的材料更加真实可靠，减少了申请人提供虚假材料被骗取登记的风险；通过网上申请避免了当事人同工作人员接触，减少了廉政风险。通过智能辅助人工审核的模式，大幅降低了因工作人员失误造成的失职渎职风险。

第三节　桐庐县：交通执法预警管控平台提升效率

一、案例概况

面对交通治理任务激增与行政资源有限的突出矛盾，2020年9月，桐庐县交通运输局在非现场执法领域布下"先手棋"，率先在全省探索推出"非现场治超"模式，贯通交通、交警、高速等省市县多部门多层级系统，迭代打造交通执法预警管控平台（非现场执法）。通过多跨协同联动、资源互联互通、数据碰撞比对，实现数据全归集（人、车、货、企、路）、流程全闭环（取证、处罚、源头、反馈）、功能全集成（智能预警、嫌疑追踪、精准管控、一网查处、信用评价），大大提升交通违法发现率、查处率，完成非现场执法从单纯工具意义上的技术辅助手段，到具有独立法律效果的程序和行为机制的跃迁。

二、主要做法

1. 聚焦流程再造、制度重塑，赋予平台高效执行力

（1）全县域布点，破解实时发现难的问题。桐庐交通在全县范围内科学布点，覆盖所有国省道干线公路、县道的重要路段、重点区域、县际交界处，布局建设17个非现场检测点，杜绝了违法车辆绕道避检等现象，编织了治超监管的"天罗地网"。

（2）全天候监测，破解常态监管难的问题。非现场执法点位24小时无间断运作，对经过车辆实时采集信息，已实现抓拍照片、视频、检测数据全证据链自动取证，实时固定证据、实时推送信息，实现了运动式治超向常态化治超转变。

2. 聚焦业务延伸、领域拓展，赋予平台多跨协同力

（1）多部门联动，破解协同作战难的问题。积极推行路警联合机制，针对车辆通过违反禁令标志、逆向行驶、遮挡号牌等违法行为逃避检测的问题，实时推送交警，实现路警联动，实时查处；审慎推行信用管理，针对超限超载行为特别严重的"双百"车辆（超限程度100%和百吨王），同步联动高速管理部门，全省高速通行受限；统筹推进电子围栏，针对5次以上超限记录未处理、屡教不改的车辆，通过网络电子围栏、GPS自动跟踪等技术，实现多部门同步预警、精准查缉，实现单兵作战向协同作战的转变。

（2）多主体覆盖，破解源头管控难的问题。桐庐交通把好源头装载关，试点将源头企业货运车辆的称重数据同步接入非现治超平台，监测前置、主动干预。一是源头监管全域化，实现源头监管全感知。全程记录称重数据，实现纵向统一监管标准。二是源头监管智能化，有效遏制超载现象。建设源头企业站点，通过智能化分析对源头企业进行常态化监管。三是路面源头全覆盖，建立长效管理机制。县政府出台货运源头企业管理办法，向社会公布重点货运源头名录，帮助货运源头企业加强内部管理，逐步推动源头管理全覆盖。

三、典型意义

1. 数字监管、全程留痕

通过对海量数据的采集和分析，为交通执法及时提供违法预警信息，为行政决定提供客观的事实资料，将执法置于环环相扣、衔接完整的正当性链条之下，很大程度上替代了以往必须由执法人员现场完成的执法检查、取证调查等过程，有利于推动清廉交通建设。

2. 一网查处、源头治理

把好源头装载关，试点将源头企业货运车辆的称重数据同步接入非现场治超平台，实时监测、主动干预，为企业抓紧落实主体责任敲响警钟，在显著降低违法行为发生率的同时，也能在一定程度上遏制市场恶性竞争。

3. 实时预警、精准管控

政府部门提高发现并干预风险的及时性、准确性、有效性。自2020年

9月非现场执法场景应用正式投入使用以来,全县共处罚结案10041件起,境内超载超限车辆100%发现、100%查处。货车超载率从20%以上下降至0.7%,黄牌货车事故数同比下降65.41%,释放执法力量66.67%,全县交通执法监督能力、道路运输效率和安全性显著提升。2021年6月,该应用场景已在数智杭州门户正式上线。

第四节 椒江区："数智云健"联勤工作站感知体系场景应用效果显著

一、案例概况

台州市公安局椒江分局白云派出所云健社区警务室成立于 2001 年，分管云健、云西、红旗、岩屿、城市花园、温馨港湾等 6 个社区。2002 年 12 月 22 日，时任浙江省委书记习近平视察云健社区警务室，赋予了警务室独特的历史使命。2021 年 4 月，云健社区联勤工作站以"党建引领、力量整合、智能融合"为目标，全力打造新时代"党建＋数字＋融合"的联勤警务新模式。

二、主要做法

1. 党建引领，擦亮红色品牌

一是牢记使命嘱托。白云派出所把习近平同志的光辉足迹和殷切期望转化为红色基因，被确定为全省 11 家红色派出所之一。二是党建引领治理。坚持以党建统领各方资源，解决原先各部门融合度不高、黏合度不强等跨部门管理问题，缩小执法管理服务半径。三是拓宽党员阵地。健全党建微网格，在社区划分 19 个党建微网格，引导 237 名党员向社区报到，参与社区平安建设、疫情防控等工作，提升党员的服务能力和服务水平。

2. 力量整合，强化社区治理

一是完善力量融合模式。以"1+5+X"力量融合模式，画出最大"同心圆"。1 即社区民警作为"平安管家"，带领流管员、网格员、城管员、消防员、调解员 5 大"中坚力量"常驻，按需入驻司法、卫健、市场监督、环保等专业"辅助"力量。运行机制配以定人定岗、联勤联动、驻村联户、每日清单、定期会商等8大机制,及时处置单个部门难以解决的矛盾纠纷、安全隐患、违法违规等行为。二是拓宽力量融合渠道。搭建由社区平安巡逻志愿者协会、矛盾调解志愿者协会、消防志愿者协会等10余个协会、团体组成的"云健义圈",对社区内的各类矛盾纠纷进行集中攻坚、精准化解。三是发挥力量融合效应。充分发挥联勤警务室的牵头引领作用,动员社区干部、群众广泛参与社区治理,形成共建共治共享的工作局面。

3. 智能融合,数字赋能治理

一是数字赋能社区治安。打造"数智云健驾驶舱",依托白云派出所全域智能防控平台,打通市局大数据池及指挥调度系统,研发流动人口管控、矛盾纠纷调解等13个数据模型,实现对治安问题的精准预警、精准推送、精准处置。二是数字赋能社区民生。联合行政执法、消防等部门,利用摄像头AI分析、人脸识别等技术,预警车辆停放在消防通道事件10余起,有效治理老旧小区乱停车、占用消防通道等难题。同时,对接智慧养老平台,在4家独居老人室内安装智慧门磁、智慧水表、防跌倒、手环等感知设备,并开展试运行。三是数字赋能社区服务。在全市率先实现政务服务进社区,通过接入公安网、政务网,搭建便民服务窗口,添置自主办证设备,全面受理社区群众户籍、出入境等业务办理,真正将数字化改革成果落地。

三、典型意义

1. 形成了以红色党建为引领推进社区治理的示范效应

作为红色警务室,"数智云健"联勤工作站充分运用"党建+"思维,紧紧抓住推动党建引领与社区治理深度融合、有效衔接,实行"社区网格+党员网格"的"红色网格"计划,注重思想引领、组织引领、宣传引领,发挥社区党组织的领导作用,调动各类主体参与社区治理的积极性、主动性,为全省探索红色党建引领,实现政府治理和社会调节、居民自治良性互动的典型路径。

2. 形成了以数字化手段推动多跨联动、力量整合的示范效应

"数智云健"联勤工作站以新一代信息技术为支撑,构建集政府管理、社区治理、公共服务于一体的综合信息服务管理平台,推动行政执法、市场监管、民政等部门力量"一站式"整合、"联动式"响应,形成及时发现问题、解决问题、管理服务到位的高效精准的社会治理新模式,构建了一个以一体化提升多跨联动、力量整合的服务能力的建设体系。

3. 形成了以智能化手段推进民生服务、改善民生环境的示范效应

"数智云健"联勤工作站坚持以人民为中心的发展思想,始终把人民利益摆在至高无上的地位,做好新时代城市社区治理工作,主动适应社会主要矛盾变化,把居民群众的诉求作为第一信号,把满足居民群众的服务需求作为第一目标,围绕社区居民关心关切的问题,优化服务内容,创新服务载体和方式,为居民提供精细化、便捷化、智能化的服务,让社区生活更方便、更舒心、更美好,为其他城市推进民生服务、改善民生环境提供了有益经验启示。

4. 形成了以联勤联动联治途径实现共建共治共享局面的示范效应

"数智云健"联勤工作站打破部门孤岛效应,将治安防范、城市管理、公共服务、民生工作等事项全部纳入体系,实现"联体指挥、联队巡防、联动处置、联合监督",联勤联动处理事务,最大限度地提升了治理效能,打造了一个共建共治共享基层社会治理新格局的示范样板。

第五节　临海市：推行"企业注销一件事"迭代升级便利化全覆盖

一、案例概况

在"企业注销一件事"的基础上，借力数字化改革东风，通过流程再造、数字集成，搭建"数字化V字模型"（拆解服务体系－转变办事流程－重构服务场景），统一申请材料、规范业务办理流程，迭代升级"企业注销一件事"，推动涉许可证的市场主体注销"全环节、多部门"协同并联审批，破除注销"跑多次、进多窗"的壁垒顽疾，同时引入信用承诺机制，对信用状况良好的投资企业加大容缺受理力度，允许其承诺注销决定作出前补齐材料后予以受理，将审批时限压缩至1个工作日，实现营业执照、许可证注销"一窗受理，多项并结"。

二、主要做法

1. 组建一个工作保障专班

（1）统筹协调保障体系建成。成立由涉许可证部门单位以及市委改革办（市跑改办）、市审管办等单位组成的临海市"证照并销"工作领导专班。市委改革办统筹组织实施和协调推进各成员单位开展工作，并建立定期通报、工作例会等有关机制。市审管办负责收件窗口工作人员的业务培训，建立监督考核机制。市市场监管局负责指南编制、事项清单调整、流程优化、申报平台开发建设，定期交换各类信息。

（2）完善政策保障配套支撑。针对优化调整后的工作流程和办理环节，制定审批流程改造方案，进一步明确审批服务工作流程、办理时限、办理方式；出台试点运行配套政策，为运行提供进一步保障。

（3）宣传培训保障改革推广。以专班为起点，以各成员部门为通道，层层传递改革目标，切实加强基层办理人员的业务培训，提升工作人员的服务能力和服务水平。利用电视、报纸、互联网等各种渠道广泛宣传"证照并销"一件事的创新举措，为后续全面改革提供有益经验。

2. 拆解两个旧服务体系

（1）拆解服务事项，一单统筹"高中低"三大事项。协同全市21个审批部门组建"证照并销"工作专班，对全市所有行政审批注销事项进行汇总，形成《"证照并销"事项清单》。同时，以实际办件数量为依据梳理办理事项，将事项清单划分为高频、中频、低频三大类，以高频办理事项为突破口，逐步实现"证照并销"全领域覆盖。

（2）拆解服务手续，一图统管"前中后"三级流程。依据《"证照并销"事项清单》，将服务手续按照事前申请、事中审批、事后核对划分为三个层级。通过合并、删减同类办理手续，编制临海市"证照并销"流程图，实现全市"证照并销"流程规范、手续统一。

3. 精简三类旧办事流程

（1）"一表申请"减材料。汇总全市21个审批部门的注销申请表，将申请表内容按照"基本信息、注销事项名称、证照缴回情况"三大类进行汇总。根据汇总情况重新制定全市统一的《"证照并销"申请表（信息采集表）》，实现市场主体注销"一表申请"。

（2）"一窗收件"减手续。在临海市行政服务中心设置"证照并销"办理专窗，将营业执照、许可证注销申请业务从多个窗口集成至单一窗口，实现市场主体"只跑一窗"即可完成事项申请。同时，遵循"一套材料、一次采集、多方复用"的原则，推行各窗口统一采集、复用、流转材料，避免市场主体重复填写。

（3）"并联审核"减时耗。利用"机关内跑平台"开发运行"证照并销"一件事板块，开辟一个前台输入端口与多个后台审批端口。通过前台输入端口完成材料的一次接受与即时流转，通过后台审批端口同步开展材料的并联审批与归档,以并联审批替代分段审批,最大限度压缩审批时间。

4. 建立三个创新政务模式

(1)建立"容缺+承诺"的事前受理新模式。根据以往告知承诺审批经验,将信用审批理念融入改革,加大优质信用主体的材料容缺受理力度。推行许可证遗失告知承诺制,为许可证遗失且符合审批要求的市场主体开通绿色通道,以承诺制取代"登报声明"环节。

(2)建立"警示+告知"的事中监督新模式。完善异常信息反馈制度,加大审批过程中的审查力度。对核查不适用"证照并销"情形或有第三方提出异议的申办件进行及时拦截并中止注销审批流程,通过"证照并销"专窗一次性告知当事人应当补正材料或不予办理的原因。

(3)建立"归集+汇编"的事后管理新模式。由专窗开展营业执照、许可证原件的代收移交归集工作,并统一制作业务工作台账,确保各类资料应收尽收、档案应归尽归,业务办理全流程有迹可循,形成"专窗归集、专窗汇编"的事后内部业务台账的闭环管理。

三、典型意义

1. 实现市场宽入简出,优化市场营商环境

为涉许可证市场主体的注销精简办理手续,同时压缩审批流程与审批时限,降低市场主体退出成本,实现市场营商宽入简出,为市场主体转行再创业提供更大可能,从而提升市场营商环境新陈代谢的能效,优化市场营商环境结构,迸发市场营商整体活力,助力市场经济发展再提速。

2. 精简政务审批流程,优化行政资源结构

统一多事项审批流程,降低行政审批烦琐程度,提升审批效率;精简审批重复环节,避免造成行政资源"一事多办"的浪费,提升行政质量与效率的同时,减轻行政成本与基层行政人员压力。

3. 铺设数字政务之路,试点撬动全面改革

"证照并销"改革以"企业注销一件事"为基础,以数字化平台为媒介,是数字化政务服务改革的一次探索性实践应用，从数字化申请、数据即时共享、数据归集反馈等多方面对数字化政务的应用进行探索实践，为后续数字化政务改革提供了宝贵的经验。

第十章
数字带动协调发展类

第一节　德清县：以数字孪生提升乡村"一网通管"水平

一、案例概况

数字孪生作为数字化改革"152"工作体系中一体化智能化公共数据平台的重点探索领域，是推动物理空间与虚拟空间虚实交融，实现资源配置最优化的一种全新数字化治理方式和技术集成。省委书记袁家军强调，要以数字孪生的理念和方法，提升城市治理"一网通管"水平，推动实现城市治理体系和治理能力现代化。德清依托数字乡村建设基础，充分发挥一体化智能化公共数据平台支撑作用，将地理信息技术作为承载引擎，通过构建乡村物理世界、虚拟世界一一对应、相互映射、协同交互的重大系统，推动乡村全要素数字化和虚拟化、全状态实时化和可视化、全方位协同化和智能化。

二、主要做法

1. 聚焦底层基座，重塑乡村数字孪生空间

一是打造一张"物联感知网"。融合历年城乡建设中布设的30397路视频、2454个农业设备监测点、全域遥感等各种感知设备，完善农村耕地、水域、林业、农房等资源数据体系，叠加覆盖城乡生活污水、垃圾分类、交通设施等10余个物联感知网络，形成触达乡村各角落的神经末梢，努力实现"山水林田湖"的"全天候监测、多维度记录"。二是打造一个"数据归集池"。实施"数据治理沃土计划",通过政务数据接入、现场数据采集和物联感知设备推送等渠道,加快乡村治理数据归集、清洗,打通农业农村、民政、交通等58个部门13亿条数据,579类GIS数据,10万个关联建筑模型等,推进乡村治理数据资源共建共享。三是打造一张"孪生镜像图"。依托一体化智能化公共数据平台和省域空间治理数字化平台,搭建了覆盖全域的数字孪生关键基础性底座,包括实时动态定位服务、全域覆盖精细化的地名地址库、全域实景三维模型,形成了事件工单、视频共享、三维可视化、数据融合、地址编码等五大功能。通过精准映射乡村"人地物事"关键因子和关联关系,为全域感知乡村发展的生命体征提供科学的基础支撑。

2. 聚焦需求导向,提升乡村"一网通管"水平

一是解决乡村治理中的隐蔽性问题。针对乡村污水管网、供水管网较为分散,问题难定位、处置不及时等情况,通过布设126个供水监测点和825个污水监测点进行实时监测探索,逐步建立从"普查、会诊、治病、养护"到"动态监管"的地下管网综合管理体系,应用精确探测、示踪标识、综合感知监测、安全预警等,摸清管线"家底",开展隐患治理,做好监管养护。二是解决乡村治理中的危险性问题。为了有效提升乡村对自然灾害风险的防控能力,通过基于数字孪生底座的气象多源资料的综合动态分析,实现对暴雨、大风等气象灾害监测预警,以及由此引发的山洪、地质灾害等次生灾害的靶向预警。三是解决乡村治理中的复杂性问题。贯通GEP核算决策支持平台,综合地形、交通、抗风、水源、GEP损益等选址因子,多参数、全时序判断农业项目生产环境,实现项目快速选址、快速审批、快速落地。同时,通过谋划建设宅基地全生命周期管理应用场景,推动农村宅基地规、批、供、用、管、查、登全流程多跨协同、智慧监管。四是解决乡村治理中的预见性问题。依托省级空间治理数字化平台、叠加资源现状、经济发展等因素,运用人工智能博弈模型,探索可视化的科学预测,构建未来孪生乡村,为决策提供乡村建设规划"人机共智"的全新模式,动态预测评估,指导孪生乡村规划修编。

3. 聚焦制度创新，构建乡村现代治理体系

一是健全配套机制。聚焦孪生乡村镜像、实时、互馈、全生命周期等特质，修订完善《德清县公共数据管理办法》《德清县公共视频资源管理办法》，推行一数一源一标准，从源头上保障数据归集的实时鲜活。建立健全基层治理四平台、自然灾害多部门协同防御、地理信息遥感多场景应用等配套机制，推动事件发现双向处置。出台农业投资项目选址、农产品线上销售、区域品牌建设、浙农码管理、平安配送等制度，初步构建起农业生产、销售、溯源、配送全周期管理体系。

二是探索标准输出。率先发布《"数字乡村一张图"数字化平台建设规范》和《乡村数字化治理指南》地方标准规范，由德清县主导起草的全国首个省级《数字乡村建设规范》获批立项，为可复制可推广提供标准规范。目前，"数字乡村一张图"已在全市推广应用，并在浙江、江苏、安徽、四川、广东多地落地实施。

三是强化数据安全。聚焦网络、数据、平台的一体化安全防护，基于电子政务外网安全体系，隔绝互联网外部入侵，通过百兆政务网络到村，实现数字孪生乡村安全到桌面。根据等保2.0三级防护体系，依托一体化智能化公共数据平台，实现乡村公共数据统一归集、共享开放、安全存储。严格落实乡村数字化应用管理人员安全责任，对"数字乡村一张图"实行实名认证，开展多层次、多维度培训，从人防、技防两方面筑牢乡村治理数据安全"防火墙"。

三、典型意义

1. 数字孪生具有镜像投射特点，让乡村治理更具保真性

数字孪生就是依托一体化智能化公共数据平台，将数亿条数据像生命体一样组建起来，克隆出一个"活体空间"，用数据去观察物理世界的一毫一厘、一举一动，不仅实现虚体和实体保持几何结构的仿真，在状态、相态和时态上也高度仿真。在德清数字孪生乡村建设中，13亿条数据的互联互通使

得群众、企业、政府等不同主体打破传统边界，主体之间的连接能力大大增强，形成了全新的生产和生活关系。数字空间作为物理空间与社会空间的连接载体，已经成为社会活动和经济活动的重要组成。

2.数字孪生具有动态实时特点，让乡村治理更具响应性

数字孪生就是通过本体上面传感器反馈的数据以及本体运行的历史数据，复现本体外观、状态、属性、内在机理等表征实时状态，以一种计算机可识别和处理的方式管理数据，用"最强大脑"给出最佳解决方案。在德清数字孪生乡村建设中，用摄像头、传感器等"火眼金睛"发现问题并预警，用"数字乡村一张图"动态监管、智能分析、实时预警各类事件，大大提升了数据供给、响应等能力，让突发事件应对变得更加从容。

3.数字孪生具有双向互动特点，让乡村治理更具精准性

数字孪生并不是只能本体向孪生体输出数据，孪生体也可以向本体反馈信息，对本体的行为进行干预，通过本体和孪生体之间的双向数据流动推动物理对象和数字空间双向映射、动态交互和实时连接，实现治理模式和手段从体内循环向互动循环迭代升级。在德清数字孪生乡村建设中，在每个应用场景中加入需求采集模块，在各个流程环节设置评价反馈机制，不断强化用户导向、需求导向，解决人性化设计不足、业务流程不够优化等问题，将基层治理中"由内而外"的传统服务模式转变成"由外而内"的需求发现模式。

4.数字孪生具有周期闭环特点，让乡村治理更具系统性

数字孪生就是通过采集物理实体全生命周期的运行历史等数据，推进物理空间与虚拟空间的虚实交融、智能操控，记录仿真、预测对象全生命周期的运行轨迹，从而反映相对应的实体对象的全生命周期过程。在德清数字孪生乡村建设中，全面归集了乡村历史、现在与未来的数据资源，对物理实体的状态数据进行监视、分析推理，因此，无论是基于历史数据的自然灾害风险分析还是基于未来数据的城乡规划模型推演，都能在数字孪生乡村中实现系统分析、精准决策。

第二节 舟山市[1]：渔业安全精密智控平台推广应用

一、案例概况

根据渔业安全精密智控"数据全面融合、数字化精准管理、指挥体系健全"三大核心目标，舟山市推进"一张图、一张网、一平台"建设，全面实现渔船、渔民、渔港、商船、气象等涉渔数据融合互通；实现渔业纵向系统管理和横向部门联动高效协同、闭环管理；实现海上渔船精准预警、高效救援、精密智控。

二、主要做法

1. 绘好数据融合"一张图"

通过渔业管理横向行业部门和纵向渔业系统数据整合，打通原来的多部门数据壁垒，全面绘制"精密智控基础数据底图"。重点整合气象部门风、雨、雾，海洋环境预报部门浪高、流速，海事部门国内外商船等信息；重点掌握省内外渔船、渔港、船员基本数据、动态信息，以及渔业执法、渔业互保、渔船进出港等数据信息。通过统计、分析，实时掌握船证相符性、渔船适航性、船员适岗性、作业安全性等，实现渔业管理底数清、情况明。

2. 织密多跨协同"一张网"

通过多跨协同，进一步加强横向部门协作联动，纵向系统多级联动，重点推进市、县、乡、基层管渔组织、海上渔船编组五级管理网，市、县两级渔业指挥中心和乡镇点验中心三级指挥网，海事、海警、公安、应急、气象等多部门横向协同网，海上渔船北斗卫星、AIS设备、天通电话、甚高频对讲机、船用雷达、卫星宽带等海上通信网，以及压紧压实船东船长编组生

---

[1] 由于渔业安全智控具有不可分割特性，因此本节安排设区市案例。

产、值班瞭望、进出港报告、夜间主动报告、商渔船防碰撞等渔船责任网，形成"五网合一"的渔业安全管理体系，从而织细织密"渔船安全管控网"，实现渔业系统内职责明晰、行业部门间协作通畅、船岸有效通信及时、渔船主体责任夯实。

3. 建成精密智控"一平台"

全市按照总体设计、统一建设、分级管理、按级运行的原则，全面搭建"舟山渔业安全精密智控平台"。市、县、乡、基层管渔组织，按照渔业安全管理各自要求和职责，重点围绕实时监管、预警管理、报警处置、应急救援"四大核心抓手"，实现渔业安全精密智控。

（1）强化渔船渔港动态监管。通过平台数据分析，全面掌握海上渔船、岸上渔港、船上人员的详细信息和动态数据，实现全方位监管。一是船舶管理方面。通过渔业安全精密智控平台对渔船进行日常性分类管理，全面掌握渔船船舶基础信息、作业类型、船上人员信息、船舶证书、船舶目前位置信息、航速、航向等多源数据。同时，在全面掌握渔船信息的基础上，通过统计、融合、分析、比对，全面实时掌握渔船证书有效性、船证相符性、渔船保险有效性、渔船适航性，并及时预警、处置和反馈，形成有效的闭环管控。二是渔港管理方面。通过智慧渔港和精密智控平台建设，全面掌握港口基本信息，港内船舶管理、异常报警，渔船进出港情况等。同时，通过平台自动统计与分析功能，压实压细船东船长进出港报告工作，实现对进出渔港水域渔船的实时动态管控和智慧化管理。三是船员管理方面。通过精密智控平台对船员进行日常性分类管理，全面掌握渔船船员身份户籍、持证情况、年龄结构、培训教育等情况，通过平台的智能分析功能，实时掌握船员适岗性、人证相符性、保险有效性。

（2）优化渔船风险预警管理。围绕渔船脱编预警、商渔船防碰撞预警、特定及高危水域预警、台风预警、浓雾预警、恶劣天气预警等六大类海上渔船主要风险，及时自动预警、提前干预、精准防控，从而有效防范渔船安全事故的发生。一是脱编预警管理。平台通过自动测距功能，实时扫描全市海上作业渔船距离情况，对超过8海里的渔船进行自动脱离固定编组预警，并将预警信息第一时间反馈各级渔业指挥中心，做到100%实时脱编预警。二是商渔船防碰撞预警。精密智控平台对进入商船密集区的渔船进行自动识别，根据商渔船不同的会遇方式（对遇或交叉），不断计算两船会遇距离和会遇时间，当距离碰撞点20分钟时，发出声音报警。通过平台督促基层渔船管理组织对相关渔船进行联系提醒，落实值守瞭望、安全航行、谨防碰撞。同时，在海礁－东福山海域架设2套VHF电台，晚间以中英文通播方式，提醒过往商船已进入船舶密集区，注意避让渔船。三是特定及高危水域预警。对进入特定水域的渔船，自动生成预警名单，提醒不能越界捕捞；对进入事故多发区域的渔船，提醒注意值守瞭望、合理避让；对进入管控航道、施工区域的渔船，提醒已进入管控区域的渔船，指令立即驶离。四是台风预警。根据台风预报信息，结合《舟山市海洋与渔业局防御台风（热带风暴）工作预案》，并结合台风和气象的信息支撑，提前通知风圈影响范围内渔船，并指导就近进港防台避险，实现渔船防御台风预警能力更科学、更精准。五是浓雾预警。根据气象浓雾预报信息，判断影响区域，按《舟山市渔船大雾天气应急响应规定》，进行提醒、干预。六是恶劣天气预警。根据气象、海浪等级预报信息，通过精密智控平台进行分析、计算，并提前通知影响范围内的渔船，提供防风避浪指导。

（3）落实海上渔船报警处置。报警管理是渔船动态管理中的重中之重。平台出现主要3种报警情况后，县（区）渔业应急处置指挥中心立即督促乡镇（街道）对辖区内渔船报警信息进行核实，并要求在半小时内上报核实情况；市渔业应急指挥中心应对辖区内渔船报警信息核实情况进行抽查，掌握渔船真实情况。一是渔船北斗终端离线报警。当平台因北斗终端自身损坏、传输链路中断或信道拥堵而在指定时限内收不到信号时，发出终端离线报警，提醒值守人员联系渔船船东，及时核查修复，确保终端、链路和信道完好，为其他报警装置有效使用打下坚实基础。二是渔船北斗终端沉船报警。当渔船遇险沉没后，北斗终端入水并上浮，发出沉船报警。平台接收后触发沉船报警，提醒值守人员立即联系船东船长核实。目前推行的北斗终端理论上不存在误报警情况，大大缩短了事故应急反应时间。三是渔船应急示位标报警。当渔船遇险沉没后，应急示位标入水并上浮，发出沉船报警。中国海上搜救中心接到报警后，第一时间传达省市海上搜救中心及渔业应急指挥中心，协调海上救援力量开展应急处置。

（4）强化渔船事故应急救援。渔业指挥中心接到渔船报警并核实后，及时定位事故渔船，通过平台掌握事故海域气象、海况和周边救助力量，采用大数据科学调配，有序组织搜救工作。一是沉船报警处置。遇到船舶 AIS、北斗终端设备沉船报警时，或接到海事部门转报的应急示位标报警后，立即核实险情，启动应急处置，组织就近渔船搜救；同时派出渔政船，并协调其他公务船或海上搜救直升机前往救助。二是救助事件报警处置。接到渔船火灾、船员受伤等意外事故报警求助时，立即以事故船为中心搜索方圆 3~5 海里或更大范围，调度附近渔船协助救援，同时派出渔政船前往救助。三是渔事纠纷报警处置。如遇渔场生产区域矛盾、渔船网具纠纷等事件，通过船载终端发送报警信息，值班人员及时向管理部门、执法部门、县区局汇报并与船东联系，进行调解，必要时协调应急联动单位进行处置。

三、典型意义

1."看得见"

舟山渔业安全精密智控平台全面集成了国内外商船数据和省内外渔船、渔港、船员等数据。全市各级渔业管理部门，通过平台能全面掌握我市 6035 艘机动渔船的基本信息情况、在港情况、运行轨迹，以及渔船所处周边海浪、气象、商船等海况与海上交通情况。通过推进智慧渔港和数字渔港建设，目前沈家门中心渔港、嵊泗黄龙渔港、朱家尖樟州渔港、大衢中心渔港、长涂渔港等智慧化和数字化建设成效初显，结合精密智控平台功能，实现港口、渔船进出港情况等一目了然。

2."联得上"

通过渔业管理"五级管理网、三级指挥网、横向协同网、渔船责任网、海上通信网"的建设,实现渔业管理系统内职责明晰、部门间协作通畅、船岸间有效通信及时,渔船主体责任进一步夯实。通过推进渔船岸船通信建设和渔船卫星通信设备配备,目前全市5630艘国内渔船实现了北斗卫星设备全覆盖,4761艘12米以上渔船配备智能防碰撞预警AIS设备,4081艘渔船已配备甚高频对讲机,2093艘35米以上渔船已配备船用雷达,2000余艘渔船已配备卫星宽带,657艘渔船已配备天通电话;全市607艘远洋渔船,配备了卫星宽带、应急无线电示位标、C站等通导设备。同时,推进甚高频VHF16频道岸台建设,实现全市联网。

3."预警准"

当海上渔船出现脱离编组生产情况、商渔船防碰撞风险等特殊情况,以及当渔船进入特定及高危水域预警,遭遇台风、浓雾等恶劣天气时,舟山渔业安全精密智控平台通过数据分析、计算进行自动预警,并将预警信息第一时间推送至市、县、乡三级渔业指挥中心。各级渔业指挥中心接到预警信息后,按照各自职责和工作要求,第一时间对海上渔船进行跟踪干预,实施精准防控。舟山渔业安全精密智控平台凭借渔船预警的自动计算、分析能力,大大降低预警的人工排查时间,提升预警处置能力80%以上,有效防范了渔船安全事故的发生,又确保渔船安全通行、合法合规作业。

4."处置快"

根据舟山市渔业安全值班规定和恶劣天气响应规定,在各级渔业应急指挥中心、点验中心24小时值班值守。通过充分应用平台智控预警、报警和各类通信手段,重点落实渔船点验全覆盖,进出港全报告,落单编组、敏感水域、事故多发区全干预,离线、报警渔船全核实,对"黑色5小时"期间安全情况全管控。当平台接到渔船北斗终端离线报警、渔船北斗终端沉船报警、渔船应急示位标报警等报警后,第一时间将报警信息反馈至各级渔业指挥中心。接到平台报警信息后,乡镇(街道)第一时间进行核实,并在半小时内上报核实情况；市、县（区）渔业指挥中心在规定时间内进行复核。核实渔船报警后，平台自动定位事故渔船，通过平台掌握事故海域气象、海况和周边救助力量，利用大数据科学调配，有序组织海事、应急等部门开展海上渔船搜救工作。

5."执法严"

通过平台建设，以及成立海上安全综合执法指挥部，市、县、乡三级联动和跨部门之间的执法联动进一步畅通。根据平台对海上渔船违规情况的分析，组织各县（区）渔政执法力量，加强对重点水域、重点对象、重点环节的检查。2021年上半年，共检查渔船3461艘，查处立案492起，行政罚款440万元。查获"三无"船（筏）556艘，拆解"三无"船（筏）409艘。结合新出台的《舟山市渔船船东船长记分管理办法》，进一步强化联合执法、交叉执法和船东船长记分管理，提高渔业执法精准性，压实船东船长主体责任。

第三节　天台县：打造"云瞭望"智慧管理平台，助推网络生态治理

一、案例概况

2019年以来，在省委宣传部、省委网信办，市委宣传部、市委网信办指导下，天台县深入推进网络生态"瞭望哨"工程，谋划开发具备信息发现上报、网络舆论引导、网信工作评估等功能的"云瞭望"智慧管理平台。作为网络生态"瞭望哨"试点先行区，天台县在村居（社区）网络"理事长"制度的实践基础上，结合实际工作需要，以数字赋能网信工作，自主开发了"云瞭望"智慧管理平台，并于2020年5月投入使用，经过将近一年的有力推进，取得了初步成效，在突发舆情处置应对及正能量传播方面发挥了积极的作用。同时将该平台与网络综治平台、网信工作履职平台、"三服务"平台相结合，形成"人防""技防"结合、"线上""线下"结合、"政府智治""群众自治"结合的工作格局。

二、主要做法

1. 云上搭平台，实现舆情导控智慧化

涵盖七大功能。平台具备信息发现上报、舆情分析研判、舆情抄告处置、网络舆论引导、网信工作评估、研判数据集成、视频会商培训等七大功能，实现一键预警全网感知、一键启动全员响应、一键抄告流程追踪、一键分享自动记录、一键点击直达现场、一键录制循环学习。

实现一键上报。破除舆情信息和社情民意层层上报的时间困境，实现普通信息审核上报、紧急信息一键直报，视信息紧急程度，村企可以直通县委网信办。及时有效收集社情民意，打造上下联动、数据共享、安全高效的

网络理事长"瞭望哨"技术保障体系，实现立体处置。对于上报的舆情信息，按照分级处理原则，一般信息抄告属地乡镇（街道）或涉事部门启动线下问题化解，重大敏感舆情联动属地乡镇（街道）或涉事部门共同处置化解，启动应急响应做好线上监测。

2. 标准作统领，实现网信工作规范化

优化配置，建成"瞭望哨"指挥中心。发挥网络信息安全应急响应值守、网络理事长"瞭望哨"指挥两大功能，除日常办公所需用品之外，还预埋了403专线，设有207寸电子大屏，可现场视频连线各乡镇（街道）、各部门及网络理事长手机终端，指挥中心配备可折叠床及一些生活用品，大大改善了值班条件。形成县乡村三级联动式指挥体系，在规范哨点硬件配置标准的基础上推动哨点特色化，已建成示范点20个，形成了"横向到边、纵向到底"的指挥网。完善制度，规范工作流程。完善值班值守、舆情处置、网络引导等运行管理机制，建立健全指挥中心值班管理制度，进一步规范网络应急响应和网络理事长"瞭望哨"指挥工作。完善网信工作"回音壁"制度，按照正面宣传、队伍建设、网络治理、舆情监管和网络安全五大板块，细化分值，逐月统计，季度排名，实行末位约谈，督促网络意识形态和网络安全双责任制的落实。

3. 一张网布哨，推动哨兵队伍实战化

在网络理事长基础上打造遍布全县村居（社区）、自媒体、网络社会组织和重点企业的网络理事长"村企哨"618个、部门"固定哨"105个、党员"先锋哨"60个、公益"民情哨"26个，累计选配哨兵765人，推动关口前移、力量下沉。建立村居（社区）、重点企业的网络理事长"村企哨"，及时掌握微信群、朋友圈及村内动态；建立县直部门和各乡镇（街道）"固定哨"，重点监测本单位本系统门户网站、应用系统、各互动平台官方账号评论区及涉本单位网络舆情；建立以互联网党组织为基础的党员"先锋哨"，发挥党员的先锋模范作用；建立网络志愿者、网络红V、论坛达人组成的公益"民情哨"，及时收集各大网站、论坛和自媒体账号的网络民意。

4. 机制再升级，推动舆情导控闭环化

建立县乡两级网络舆情导控回形介入机制，诉求初访期（最佳介入点）主动介入，突发事件即时介入，尽可能将舆情风险化解在萌芽阶段；重复反映期（次佳介入点）及时介入，避免潜在舆情风险转化成现实；媒体介入期（第三介入点）必须介入，努力化被动为主动，避免舆情发生；舆情发生期（应急介入点）应急介入，确保网络舆情平稳回落。此外，联动立体化解。结合涉稳闭环管控机制，每周四上午由宣传（网信）、政法、信访、公安等开展会商，分析梳理网络舆情风险较高点，由县委网信办抄告预警或联合县委督查室函告催办，推动属地乡镇（街道）和涉事部门开展线下矛盾问题化解，并做好跟踪和动态分析，加强线上监测管控。同时，强化督查问责。强化组织领导，层层压实各乡镇（街道）、部门的管理责任，加强舆情风险的排摸上报。

三、典型意义

1. 信息报送更加及时

线上严密布局"技防"网，除了县"瞭望哨"指挥中心外，重点部门"固定哨"都配备了舆情监测软件，落实人员加强对本单位本地区本行业网上信息的监测，收集各大网站、论坛和自媒体账号的网络民意和舆情信息。克服以往舆情信息和社情民意逐级上报、电话汇报的弊端，破解层层上报的时间困境，通过"云瞭望"智慧管理平台，普通信息审核上报、紧急信息一键直报，网信办可根据舆情处置需要，直接联系村企了解情况，实现政府"智治"和群众"自治"双向联动。

2. 舆情处置更加高效

通过线上线下联动，构筑"横向到边、纵向到底"的情报收集网。线下精心布点"人防"哨，打造四类"哨兵"，全县共有哨兵765人，覆盖全县所有乡镇（街道）、村居（社区）、部分企业及部分在外流动党组织，鼓励哨兵积极加入各类群圈，通过关注线下苗头性、倾向性信息和微信群圈动态，重点报送"三骂""四性""五重"信息，第一时间掌握微信群、朋友圈及线下动态并报"云瞭望"，构建"发现－上报－抄告－处置"闭环体系，依据舆情信息紧急程度分为紧急信息和普通信息，紧急信息通过"雷达哨"直报县"瞭望哨"指挥中心并以弹窗和短信形式提醒，县委网信办可因需视频连线现场快速核实，并将舆情抄告至相关单位，要求被抄告涉事单位或属地乡镇（街道），积极开展线下核实处置，并在规定时间内经分管领导审核后反馈。其他一般信息和社情民意，报乡镇（街道）或主管部门研判处置。

3. 网络引导更加全面

强化正能量引导，设置上级精选、本地原创、每周一推等形式，通过"云瞭望"平台一键发布，网络理事长、哨兵转发到微信工作群、朋友圈等推广，同时设置辟谣栏目，积极转发国家、省、市主流媒体及新媒体权威声音，主动解疑释惑，理顺公众情绪。针对各类互联网违法和不良信息，组织哨兵参与集中联合举报等活动，开展舆论引导。

4. 工作评价更加精准

完善全县"瞭望哨"基础数据，已累计录入舆情信息、社情民意等4000余条。通过对收集的各类舆情信息按照行政区域、行业类别、紧急程度的实时分类，进行精准量化排序，以图表形式直观呈现，智能分析负面舆情和各领域风险点，及时向有关单位发布风险提示，便于各单位及时发现工作不足，规范工作流程，第一时间回应群众诉求。实施积分考核机制，平台的"积分统计"对各乡镇（街道）、部门、哨兵的工作开展情况实时量化排名，作为年底考核评优的重要参考依据。建立末位约谈制度，倒逼各单位网络意识形态和网络安全双主体责任的落实。

第四节 南湖区:"企明星"政策治理集成应用成效初显

一、案例概况

嘉兴市南湖区创新性地开创了"两局三办一中心"新模式,顺应数字化改革新要求,实现职能的高度集成,包括政务服务和数据资源管理局、行政审批局、区最多跑一次改革办公室、区营商环境建设办公室、区数字化改革办公室和行政服务中心。这种组织模式在全国范围内实属罕见,也为改革奠定了基础。"企明星"政策治理集成应用,以数字化改革为引领,用活数据,解决政府资源和企业需求结构性错配、政企信息不对称等问题,打造政府与企业良性互动新模式,实现惠企政策全过程治理和企业成长全周期服务。在问题需求导向的背景下,南湖区聚焦政策制定、发布、执行、监督、评估全链条全流程闭环治理,作为全省"企业码"创新应用试点,该项目从涉企服务的治理端出发,纵向贯通省市县三级数据平台,横向协同全量涉企部门,致力于解决政策制定盲目性、企业受益偶然性、政府服务全量企业有限性等问题,实现政策"智"理、企业"智"服、市场"智"治。

二、主要做法

1. 整体架构为"12358"

"1"即一个集成应用,聚焦政策治理"一链条"、企业服务"一站式"、诉求响应"一个环"、经济研判"一张网",统筹集成了政策服务、涉企资讯、办事服务、问题诉求服务、投资专区等功能模块,对涉企政策形成全周期管理,为企业成长提供一站集成、精准普惠的全周期服务;"2"即两个核心数据库:政策画像库和企业镜像库;"3"即三大智能支撑组件:"企业码"政策表单查询中心、企业申报审批中心、资金决算支付中心；"5"即五大政策治理模块：政策制定、政策发布、政策执行、政策监督、政策评估；"8"即八大企业服务模块：企业落户、线上参与、政企沟通、企业沙盘、奖补兑现、办事集成、投资导航、规范经营。

2. 建设"两库一台"核心架构

一是政策画像库，对涉企政策条目进行颗粒化解构，逐层拆解到可机读的标准政策单元，并通过标识，形成"颗粒簇"的政策画像。二是企业镜像库，依托省、市、区三级一体化智能化公共数据平台，从省级市场主体标签库、个人库、法人库和本地数据库中，智能采集全区企业属性数据（如注册资本）、活动数据（如资质认定）、填报数据（如项目投资额）等重点数据信息，形成企业镜像库。三是推演驱动台，对政策画像库和企业镜像库中的数据进行多重校验、算法推演，实现政策与全量企业之间的精准匹配，以及政策评估的数据支撑。

3. 建设三项智能组件

一是"企业码"政策表单查询中心，搭建政策表单设计引擎，预设通用业务控件（如企业名称、统一社会信用代码、兑付金额、收款账号等）和基础控件（如单行文本、多行文本、日期时间、下拉选择框等），工作人员可按照业务需求，自定义配置申报政策时所需填写的字段和格式，同时通过标准接口实现数据共享，减少企业填报工作量。二是企业申报审批中心，基于浙政钉用户体系，通过可视化流程拖拽和搭建，实现政策兑付审批流程的快速建立，审批单精准触达审批负责人。三是资金决算支付中心，打通与中国银行的资金拨付通道，在前期企业申报、部门联审、确认最终兑付名单后，目标政策的主管部门提交支付请求，即可实现资金线上拨付，并可实时跟踪资金的支付进度及对账结果。

4. 再造政策治理流程

政府端应用浙政钉组织架构和工作台，实现政府侧政策制定、发布、执行、监督、评估五个环节功能，推进政策制定更科学、发布更精准、执行更高效、监督更有力、评估更全面。制定阶段，应用"政策沙盘"对拟出台的政策初稿进行市场"模拟预演"；发布阶段，将拆解后的政策条目与企业信息"智能匹配"，再通过平台精准高效推送政策至企业；执行阶段，充分融合"企业码"政策兑付中枢功能，按不同政策要求动态配置申报表单，优化审批流程，实现"智能审批"；监督阶段，及时追踪申报、审批、兑付进程等数据，实现即时预警；评估阶段，通过对比政策受益与非受益组，形成绩效评估报告，评估政策效益，推动政策"立改废释"。

5. 重塑企业服务方式

企业端上线在浙江政务服务网和浙里办 App，形成统一入口，为企业提供企业落户、线上参与、政企沟通、企业沙盘、奖补兑现、办事集成、投资导航、规范经营等八方面服务。企业可在应用内"一站式"享受从初创、发展到注销各阶段全过程服务。企业可通过"企业沙盘"模拟预演，提前获知发展不同阶段可享受的政策红利，激励自我成长；实时精准获取可享受政策，在线进行奖补申报，实现一键兑现；在发展过程中，及时获知动态提醒信息，确保规范经营。办事集成，就是集成各级各类涉企服务应用和第三方服务机构，为企业提供便捷的办事应用获取入口和服务搜索功能；投资导航，就是为企业营造可预期的营商环境，提升投资效率。

三、典型意义

1. 多跨协同，精准惠企

从涉企政策的小切口出发，利用数字化手段，探索"一揽子"解决方案。该应用汇聚了发改、经信、财政等 28 个涉企业务部门和数源部门力量，真正实现多跨协同，已汇集涉企数据 128 类 19 亿条，拆解后的 984 个政策条目智能匹配并精准推送到 3140 家企业。

2. 降低成本，便捷高效

推进政策"立改废释"，有效降低政府行政成本，技术惠企惠民的创新实践被《人民邮电报》、新华社《瞭望智库》等专业报刊媒体专题报道。

3. 双向互动，科学决策

企业可以更加广泛高效地参与涉企政策的制定，同时政府工作人员可以通过政策沙盘进行市场镜像模拟预演，为政策决策提供量化数据支撑，这使南湖区的产业政策更具针对性和科学性，企业也有了更强的体验感、获得感、归属感。

第十一章
数字服务绿色发展类

第一节 上虞区:"一码管地"综合应用形成机制

一、案例概况

2020年以来,绍兴市上虞区作为全省首个开展"一码管地"创新试点区,梳理核心业务,优化业务流程,加强工作协同,赋能社会服务,构建了集资源编码、流程审批、数据整合、项目监管、信息共享、决策辅助等多功能于一体的自然资源全生命周期智慧化管理新模式。截至目前,上虞区已完成存量662832个不动产单元的赋码工作,新办理土地赋码515宗,基本实现不动产码"历史、现状、未来"全覆盖。建成了一套自然资源全领域、全业务、全流程、全生命周期管理新机制,以"一码"为抓手实现对土地、矿产、森林、草原、海域及无居民海岛等各类自然资源统一规划、统一管理、统一保护与统一合理利用,并逐步构建了"1+1+X""一码管地"工作机制[1],为实现自然资源高效配置、落实自然资源节约集约利用政策、建立健全全民所有自然资源资产管理体制,加快推进自然资源管理数字化转型,提供坚实保障。

---

[1] "1+1+X""一码管地"工作机制:第一个"1"即打造好1个以不动产码为核心标准化数据库;第二个"1"即从自然资源全生命周期维度,形成一套规范的管理模式;"X"即依托不动产码,放大应用场景范畴,形成数据共享、信息做大的良性循环。

二、主要做法

1. 夯实数据基础，建立不动产码标准化模式

创新设立"不动产码"，将以往分散的"数据足迹"凝结成关联业务的"全景图"。一是优化流程减环节。创新实施"多测合一""多证合一""多审合一""测验合一"等工作机制，将原先涉及自然资源管理的10多项业务整合为综合权调测绘、规划设计条件书编制、土地供应与建设用地规划许可、不动产（土地）登记、建设工程设计方案审查与建设工程规划许可联办、建设工程竣工规划核实与建设用地复核验收联办、不动产（房地）登记等7大阶段，全面构建整合协同的业务链，为实现业务数字化夯实工作基础。二是串联系统强互通。围绕数据"一处产生，多处应用，一处改变、处处更新"原则，以"一码管地"平台为核心，联通国土空间基础信息平台、行政审批系统、建设用地供应动态监管系统、土地使用权网上交易系统、不动产登记信息系统以及投资项目3.0审批平台，推动数据在各系统间自由流动，形成"阡陌交通"的数据共享网，系统减少1个，改造1个，打通6个，使各科室之间各项业务串联，业务信息实现共享。三是以码为介集信息。将综合权调测绘成果作为空间管理的统一源头，通过坐标体系、权属信息、格式规范核验后编制不动产码，以其作为数据存储的唯一介质，在业务串联中获取各流程产生的所有数据，并向公众开放，实现业务办理在线查询和信息全程溯源。

2. 以码串联业务，实行全周期智慧化管理

按照"一码管一空间"思路，以建设用地为突破口，聚焦供地、登记、建设、竣工等全流程进行智慧化管理，并逐步向自然资源其他领域延伸拓展。一是土地推介云端化。以"不动产码"信息为基础，建模测算地块的出让价值、拟建工程投资金额、生产经营税收、不动产抵押融资潜力等经济价值。开发商可利用"智能小程序"扫描不动产码，全面掌握拟公开出让地块的规划情况、周边配套、周边地块信息等基本要素，并通过三维、VR直观感受现场真实情况,有效减少企业现场踏勘次数,满足政企双方招商、找地等信息对接需求。二是权证办理无感化。权证办理人在缴纳土地出让金和相关税费后,由"一码管地"平台一键提醒,不动产登记信息系统自动提取登记所需资料,完成不动产登记,并将电子不动产权证书实时推送至权证办理人,整个不动产登记环节做到"零资料"和"无感知"办理,实现缴费即拿证,办理时限由原来的3个工作日缩短至即办。三是执法监管精准化。利用"不动产码"所掌握的土地利用现状和产权登记情况等数据,将全区各地块的做地、供应、登记、工程设计、竣工等阶段以五色图形式实时显现,确保有效追踪地块动工、"四未一低"等情况。同时对"卫片执法"和日常管理中出现的自然资源领域违法行为进行图斑套合分析,通过智慧化图像、数据比对,锁定违法范围、超占面积等关键信息,实现高效监察、科学执法。

3. 探索码上合作,开展跨部门场景化应用

在深化内部管理的基础上,实现与法院、税务、银行等多部门机构的共享合作,并已在浙里办App中实现一码全揽、云端推介和亮码办事相关应用功能。企业群众通过扫脸认证后获取权利人"不动产码"相关属性信息,系统根据单元信息状态,将不动产码的正常、抵押、查封(或查封+抵押)三种状态分别以绿色、黄色、红色三种颜色展示。一是一码处置——直接扫码可读取被执行人名下不动产状态,自动生成查封登记办件,实现全程线上无纸化办理。二是一码交易——权利人仅需提供"不动产码"即可完成不动产登记业务办理,既避免了多系统资料重复录入,又有力提高了业务办理效率。三是一码抵押——扫码直观高效了解抵押物状态,并自动提取信息至银行业务系统,不用跑腿即可完成抵押业务办理。

三、典型意义

1. 整体智治的关键基础在于大数据的汇集

万丈高楼平地起。在"一码管地"改革中,上虞区创设了"不动产码"这种信息传递和存储的介质,其实质就是用成千上万个"不动产码"汇集信息,

建成了一个自然资源领域的数据库。正是这个数据资源，为后续的整合共享、综合分析运用创造了基础条件。

2.整体智治的服务核心在于全流程的管理

为有源头活水来。在"一码管地"改革中，上虞区通过流程优化再造、系统互联互通，以"不动产码"将原先自然资源内部管理平行不交叉的业务串联起来。正是这种全流程的业务贯穿，实现了在信息共享过程中不断积累新的数据，使数据的积累和应用形成良性循环。

3.整体智治的作用发挥在于跨部门的应用

一花独放不是春。在"一码管地"改革中，上虞区不局限于将"不动产码"数据库作为"私有领地"，积极探索跨部门合作、多场景应用，有力打破数据孤岛。正是这种多领域的数据共享，为推动"内码转外码"、增强"不动产码"生命力提供了坚实的保障。

第二节 开化县：县域空间治理数字化平台成功上线

一、案例概况

2020年4月，浙江省全面推开空间治理数字化平台建设工作，开化县作为全省5个区域之一被纳入平台应用建设试点，主攻县域生态环境数字化治理难题。试点以来，该县打造生态环境数字化"保育、管控、转化"治理三大平台，推动生态环境数字化全周期治理。目前，该县数字化平台已在省空间治理数字化平台正式上线，其中GEP核算分析及两山转化综合管理应用场景、野生动物监测分析应用场景列入全省十大最佳示范场景，入选场景数量居5个试点地区首位；5月，GEP核算分析及两山转化综合管理应用场景列入省数字政府区域协调发展GEP数字化转换场景试点区域，并于6月12日在省数字政府门户成功上线。

二、主要做法

1. 搭建生态资源平台，实现生态保育"云管护"

在钱江源国家公园范围内打造该平台，推动全境全要素、全资源线上管理，并实行网格监测和线下生态巡护，打造"线上看、视频探、地上巡"立体式国家公园监测管理网络体系。

（1）构建"云国家公园"，资源要素一本账。以国家公园遥感影像为底图，辅助激光雷达、VR全景、航拍热传感等手段，云上深度还原国家公园地形地貌、植被覆盖等景观，直观呈现边界、功能区、水系、居民点、动植物分布、区域交通网等各类要素信息，实现资源"一本账"。截至目前，已收录国家野生动物51种、高等植物2048种，主要景观360°航拍视频15个。同时，与钱江源科普展示馆、科研机构等社会主体共用系统，为科学研究、科普教育等提供一站式服务。

（2）织密"空地监测网"，生物资源动态查。一方面，接入卫星扫描服务、野外高空云台等"空中"监测数据，对森林资源进行防火、防病虫害及植物种群演变等方面的实时监测。如与电信公司合作租借卫星数据，实现每小时热传感全覆盖扫描，精准识别火点。另一方面，基于国家公园267个地面网格野保相机，对过镜的野生动物进行AI识别、在线监测和智慧分类，并对白颈长尾雉等国家珍稀动物活动区域、时间、频率等开展"热力图"分析，为生物廊道建设等提供资料依据。如发现国家公园西侧黑麂等野生动物栖息地被现有公路割裂，为此将采用隧道下穿方式解决。

（3）打造"智慧驾驶舱"，生态巡护高效管。线上将森林火情、地质灾害等生态环境突发事件预警预报进行派单，通过"手机App派单+对讲信号直呼"远程遥控片区护林员现场核实、捕捉上报、线上协同处置，并可根据事态情况联动应急力量，确保"一舱指挥调度、处置一网打尽"。同时，后台也可对生态护林员巡护轨迹进行GPS分析，提供路径规划、导航、任务数据下载、地图测量等服务。

2. 搭建生态监管平台，实现生态环境"云管控"

在全县域推广生态环境监管平台，通过环境云图、预警中心、指挥中心三大功能应用，打造"监测——预警——指挥"的全流程、闭环式的数字化生态环境管控模式。

（1）多类别环境指标监测。集成打通全县空气、水源、污染源等监测点171个，并从国家、省市环境监测平台动态调取权威数据，集中呈现环境空气质量（PM2.5、PM10等6个指标）、水环境质量（COD等3个指标）和污染源（废水、废物、固废）实时指标，形成多指标环境监测"一张图"，并对企业偷排漏排、环保设备停用、工地扬尘等高风险污染源指标实行重点监管。截至目前，已有26条河流、24个主要污染源、200余家重点监管企业纳入指标"云管控"范畴。

（2）多功能环境阈值预警。一方面，对空气、水及污染源按照责任主体设定预警阈值，当达到阈值时，自动生成包括异常原因、处置建议等方面内容的任务单,通过浙政钉通知监测设备运维单位、属地、主管部门,实现超标实时预警。另一方面,建立超前预警机制。污染点位预警后,系统可根据污染源态势、水流上下游、风向等情况对污染趋势和范围进行预测,以防污染扩散。如2020年4月,发现某工业污水监测点出现化学需氧量指标超阈值现象,系统立即筛选出多个河流入水口监测数据,指导线下执法人员对超标影响进行精准评估。

(3)多口径处置力量指派。统筹县农业农村、生态环境、资源规划等执法队伍,由平台根据污染性质、监测数据、基层网格员拍照反馈等情况,统一分派日常处置力量,并对污染源实行"视频锁证",方便执法人员现场执法。同时,对危化品泄漏、秸秆集中焚烧等突发环境事件开展紧急人工指派,联动应急管理、公安等部门协同参与开展线上指挥。自平台上线以来,该县通过"云监管"联合查处环境违法案件10余起,处置效率大幅提升。

3. 搭建生态经济平台,实现生态转化"云分析"

围绕生态环境资源转化和利用搭建生态经济平台,开发生态资产资源底数一张图、生态转化占补平衡计算器、项目多部门联合"预审云"等功能,实现生态转化可量化、可分析,生态经济有抓手、有标尺。

(1)打造可用生态资源资产一张图。以乡镇(街道)为单位,将县域内山、水、林、田、湖、矿山、砂石等生态资源及适合集中经营的闲置农房、厂房、学校、土地(包括宅基地、低效开发农用地)等进行摸底,并以县两山集团等为项目谋划布局主体,采取租赁、入股、托管、赎买等多种形式开展集中收储,形成集中连片优质的生态资源资产云上显示"一张图",服务生态保护、生态经营、项目招商、产业发展需要。

(2)创新生态转化占补平衡计算器。将县域底图分为36000余个网格,按照省GEP(生态系统生产总值)核算标准进行数据集成和建模,任意选取乡镇、生态系统等单元或圈选任意区域,即可实现区域GEP的精准核算。基于该测算网格,创新在农林、工业、文旅等项目落地前后增设GEP变化分析审查,即导入项目红线、相关参数后可显示落地前后GEP增减值,若项目落地后GEP减少，必须通过植树造林、湿地流域打造等项目进行占补平衡。如该县将桐村密胺产业园项目与国家公园珍惜植物园项目挂钩实行占补平衡，经测算，产业园项目会降低GEP约600万元，随即实施生态修复类项目进行补偿方案。

（3）推出生态空间准入项目预审制。考虑到该县是国家重点生态功能区，为严把项目生态空间准入决策关，该平台将生态环境部门"三线一单"（生态保护红线、环境质量底线、资源利用上线和生态环境准入清单）、发改部门产业准入负面清单等涉8部门、20余项生态环境规划、管控要求等整合叠加，实行多部门云上联合预审制，大幅提升项目决策落地效率和准度。实际操作中，只需线上输入行业类别、建设规模等信息，即可一次性得出8个部门预审报告，为后续项目正式办理审批减少阻碍、提供依据。截至目前，该县建设项目预审时间由原先7个工作日缩减至3秒，已服务项目200余个。

三、典型意义

1. 为野生动物数字化监测体系构建提供思路

平台通过较先进的多物种AI识别技术，对国家公园内的所有野生动物进行实时的全域监测、精准识别和科学保护，对于全省乃至全国自然保护地野生动物监测保护均具有一定的借鉴意义。

2. 进一步完善了GEP常态化核算机制和应用延伸

平台通过围绕GEP核算、GEP分析、GEP应用（数字化赋能两山银行、GEP绿色金融贷、生态占补平衡、乡镇GEP考核）三大模块建设GEP多跨协同场景，建立了一套科学、合理、可操作的生态产品价值核算评估体系与核算模型，按照"GEP六进"（进规划、进决策、进项目、进交易、进监测、进考核）要求，科学实现"测算变实时、谋划更科学、变现拓渠道、占补可平衡"。

3. 为现代化治理探索出了一套闭环管理的模式

从生态治理全流程出发,探索了一套"现状→规划→实施→监测→监管→评价"的完整的生态治理闭环管理模式,包括生态保护、生态修复、生态安全、生态服务、生态重建和生态富民的系列内容,为重点生态功能区建设保护好绿水青山、加快实现两山转化提供了科学指引。

第三节 嘉善县：数字化助力"餐饮油污监管一件事"

一、案例概况

运用数字赋能推进"餐饮油污监管一件事"集成改革，建立"灵嗅"餐饮油污智管平台。2021年6月初，平台在全县9个镇（街道）全部上线试运行，具备系统预警、自动派件、问题处置、评价反馈等功能。

二、主要做法

1. 以县乡一体为原则，启动"一件事"综合治理

通过"集中攻坚"带动"全面推进"。以县城区为试点，推行餐饮油污监管"一件事"，整合综合行政执法、生态环境、市场监管、建设、水务等多部门力量，成立县油污办，全力推进县城区餐饮油污废气整治。依托"基层治理四平台"建设，整合镇（街道）力量，在镇（街道）建立以生态环境、村建、市场监管、综合执法、食安等相关站所为成员单位的餐饮油污监管"一件事"镇级工作小组，并确定日常管理网格员。以实地指导、考核督查的形式，落实上下条线贯通，实现"餐饮油污监管一件事"的"县乡一体、条抓块统"。

2. 以V字模型为基础，促使"小场景"科学推进

利用V字模型进行事项拆解和综合集成，并形成成果报告，为"一件事"推进提供理论基础。在V字模型下行阶段：将餐饮油污监管拆解为事前服务、事中监管、事后执法及综合评价4项二级任务，并细化成17项三级任务。确定生态环境、市场监管、自然资源与规划等20个牵头（协同）部门，确定20多类数据需求及对应系统来源。在V字模型上行阶段，确定业务协同流程，形成镇（街道）层级餐饮油污全生命周期监管小闭环，基层无法处理的由县级层面协调解决。将业务流程图进行数字化拆解，梳理出数据集成流程图。搭建"灵嗅"餐饮油污智管平台，对接县社会治理综合服务中心、"互联网+监管"、"大综合一体化"集成应用平台（在建）等系统。最后，对餐饮商户进行专项评价、综合评价，对责任部门进行工作评价，形成任务画像。

3. 以功能体系为依托，实现"全流程"在线管控

在平台内打造"4+N"，即在同一张地图上呈现餐饮单位定位分布、空间规划信息布局、人员状态信息；为每一个餐饮店配置一个专属二维码，做到餐饮监管一码总览、多端扫码专属权限、码上执法无缝衔接；建立一份清单，落实排查清单长效监管、任务清单快速分配、整改清单闭环管理；统计一组指数，对多个运行指数进行多维分析，并实现综合指数关联共享、考核指数量化评价。并通过汇集线下物联网检测设备采集数据，集成20多个现有政务系统数据，构建"N"个线下触角及大数据平台，实现平台智慧分析与互联互通。

4. 以便利群众为宗旨，打造"一站式"政策服务

通过"灵嗅"餐饮油污智管平台，以亲民、人性化管理、快速处置问题、群众互动等为特色，提高服务意识与服务水平。运用政策后台、数据中台为业务前台做支撑，以浙里办、浙政钉、PC端、手机端为门户为政府治理提供数字化途径，让群众更快捷更便利更直接地参与到餐饮业的各个环节当中。

5. 以解决问题为导向，形成"双闭环"精准处置

为切实提升餐饮油污问题的处置效率，建立以基层问题快速处置机制与多跨协同应用的餐饮油污问题处置的"双闭环"机制。基层管理人员对餐饮油污智管平台预警、分析、监管中发现的问题进行督促整改、快速处置。对于管理人员一时无法解决的复杂性问题或反复性问题，导入多跨协同应用系统，由镇级多部门力量或者县级部门协同镇级执法力量化解难题。

三、典型意义

1. 系统启用，实现业务流程再造

目前，纳入平台管理的餐饮店2549家，约占全县产生油烟的餐饮店的93.5%，油烟净化器安装率100%，排查记录16933条、问题发现5721个，问题处置率96.48%，其中系统外流转处置的问题仅1个。

2. 物联检测，提高感知预判能力

设置多种物联在线监测设备，实时监测油烟排放浓度、净化器使用情况、隔油池满溢、井盖开关（遗失）情况以及餐饮排水水质（COD、BOD）情况，进行事前预警、事中警报。结合用水、用电等数据进行综合预判，让数据活起来，让问题少下去。

3. 综合集成，提高多跨协同能力

集成20多个系统，运用V字模型可以不断迭代升级。以问题处置为例，将"灵嗅"餐饮油污智管平台与大综合一体化多跨协同应用集成，形成餐饮油污问题处置平台内、平台外"双闭环"处理。内闭环精细亲民，外闭环精准高效。

4. 多维分析，提高综合评价能力

一方面，对餐饮商户进行评价，将油烟、污水、餐厨垃圾、用水、用电、食品安全、病媒生物、消防安全等全部纳入餐饮店评价参数，形成专项指数、综合指数、红黑榜，与第三方订餐平台对接，让餐饮油污指数在行业市场上得到反映；另一方面，建立指标体系，对机关单位、责任人员进行量化计分、考核评价。

5. 重塑工作制度，形成应用报告

制定"餐饮油污监管一件事"运行指南及流程图，总结工作成果，形成"餐饮油污监管一件事"应用报告。

案例篇
第十一章 数字服务绿色发展类

第四节　仙居县："亲农在线"应用稳步推进

一、案例概况

仙居从"杨梅全链路数字化变革"入手，立足当前梅农生产的全周期、杨梅产业的全链条，聚焦农户在办理涉农事项时窗口流量大、监管难、不便捷等难点堵点，运用数字技术，构建了"亲农在线"应用。6月29日，省委书记袁家军来仙居调研走访，在详细了解了"亲农在线"应用后对仙居做法表示肯定，要求用好数字化理念、技术、平台，重塑社会治理、产业发展，激发乡村发展内生动力，以城乡融合发展推进共同富裕。

二、主要做法

1. 迭代升级，"V"字推进

仙居从2020年初就开始探索以"梅农掌上开票"为主的"亲农在线"小程序应用，2021年又积极对应数字政府"产业振兴"多跨应用场景，以"杨梅全链路数字化变革"为突破口，迭代升级"亲农在线"应用，按V字模型，进行任务新定义和新分解。重新梳理出"高效生产、多元销售、精准服务和品牌运营"4项二级任务，21项三级任务和27项四级任务，直至细化到最小颗粒度事项。对4项二级任务分别设置了10项绩效考评指标，建立了可量化、可评价的指标体系，确保每一项任务和每一个指标进度可掌控、可落实（如建立"气象精准度""开票秒办率""营销推广处置率""杨梅贷线上办理率""贷款保险办理率"等）。通过这些指标的分析、研判，精准指导梅农生产、销售，细致反馈政府部门和银保机构调整政策。

2. 多跨协同，"数"聚惠农

一是注重数据归集和共享。对全县5173块杨梅小班图进行按村分类、逐块编号，建立"杨梅产业数据库"，形成"杨梅产业一张图"，实现"以图管农、以图兴业"。对省市县所有涉及杨梅产业的数据平台和端口进行系统整合，将15个数源系统的20个数据类别和32个数源单位的数据进行统一归集，构建统一的数据管理规则和标准，实现杨梅产业数据资源统筹规划、分类管理和整合共享，从根本上破除部门间信息孤岛和数据烟囱，也从根本上解决杨梅产业全链条数据难以收集、独立运行和分散管理问题。二是注重多跨协同和联动。将全县20多个涉农部门、社会、企业、金融机构、保险机构等现有的政策、业务、服务和已开发的线上平台都整合到"亲农在线"一个平台，建立数据共享机制和多跨协同联动机制，实现纵向贯通、横向协同、行业联动，为梅农提供杨梅"生产、加工、保险、贷款、销售"全链路的数字化服务。打通了跨部门、跨行业、跨层级、跨地域的系统6套，对接数据接口32个，横向可实现20多个涉农部门联动，纵向内可实现省、市、县、乡镇街道（20个）、杨梅种植村（110个）、杨梅专业合作社（500多家）联动，行业内可实现政府部门（20多个）、银保机构（12家）、农资企业（100家）、电商平台（20多家）、中小企业（6000多家）等合力助农。

3. 改革破题，用"数"重塑

一是以数赋能，重塑业务流程。针对梅农"怎么种、怎么卖、怎么贷"三大痛点，重塑了"我要补贴、我要贷款、我要检测、我要保险、我要销售"等10多个高频事项的线上流程再造，业务协同，形成业务流程图，梅农可实现"政策一键查询、补贴一键直达、贷款一键申请、保险一键投保"。如"我要补贴"功能模块，改变了原先梅农有机肥补贴申请跑部门、乡镇、村层层盖章、签字审核的烦琐手续，现在只需线上申请，快审快批，既减少了纸质材料证明，又优化简化了群众办事流程。二是以数护航，突破法律法规条款。针对农忙时节梅农"现场办事难"，通过区块链等新技术，在精准采集梅农基础数据的同时，创新农民"掌上开票"应用，实现梅农手机端申请，税务部门后台快审，梅农手机端就可开出增值税电子发票。2021年，税务部门又与工商银行合作，运用区块链+物联网迭代升级了"支付即开票"功能模块，由购买方或消费者根据实际购买量"逆向开票"，既可有效解决梅农"开票难、开票烦"问题，又可从源头上杜绝"税收征管难"和初级农产品"增值税发票虚开"这一全国性、普遍性存在的难题。三是以数聚能，创新体制机制。依托"亲农在线"平台，将广大中小企业、电商平台、金融系统已有的电商平台和客户资源对接起来，为"千家万户小梅农"对接"千变万化大市场"搭建了平台，实现了杨梅从"山头到桌头"的产地直销。联合金融机构，激活杨梅产业数据资源，向金融机构、保险机构开放杨梅和梅农数据接口，支持金融机构、保险机构通过大数据、区块链等技术，建立信贷风险模型和客户白名单制度，创新推出线上数字化网贷产品和保险服务产品，为梅农提供现代普惠融资服务。如农商行专门推出"杨梅贷""民宿贷"，工商银行专门推出"农E贷"等金融产品。

三、典型意义

1. 切口小场景大应用广，让杨梅产业既有"质"又有"量"

"亲农在线"从"杨梅全链路数字化变革"入手，探索整个农业产业的数字化转型，改变了传统杨梅产业"靠天吃饭"的粗放生产方式，数据成了新农资，手机成了新农具，实现了杨梅生产从"粗放化"向"精准化"的转变。它解决了全国2.2亿户小农户的生产痛点，为全省乡村产业振兴和农民共同富裕打造了一个真正惠农富民的大场景。

2. 好用实用管用，让千家万户小梅农既有"幸福感"又有"丰收感"

"亲农在线"的主要出发点是"惠农富农"，主要目的是让千家万户小梅农"好用实用管用"，这既是数字化改革的初心，也是数字化改革的目标。"亲农在线"改变了传统梅农既忙又累又穷的生存状态，以及孤立无助、销售无门、贷款无路的办事窘境。通过"亲农在线"平台，广大梅农纷纷做起了直播，企业直接在平台下单、开票，既让梅农拓宽了线上销售渠道，也让企业买到放心的农产品，实现了开票、报账、物流全链可查。其中全县95亩智能大棚杨梅实现商品果率提高30%，杨梅上市时间提早半个多月，杨梅全产业链产值较2020年增加2亿元，杨梅单价同比增幅达19%，杨梅带动农户人均增收 8000 多元。广大散户梅农无须担心"抵押难、贷款难和利率高",线上直接就可申请"杨梅贷",随借随还,无须担保和抵押,直接授信,最高可贷 50 万元,且利率低(年利率仅为 4.35%,一般年利率为 5.6%),仅此一项就可为梅农减少利息支出 625 万元。该平台为全省打造"产业振兴和共同富裕"双路径提供了"解决方案"。

3. 易复制可推广可拓展,让政府和社会有"为"又有"效"

改变了助力乡村产业振兴政府"唱主角",企业、社会、金融"靠边站"的治理格局,以"数"聚力,用"数"创新,让政府部门工作更高效、更有序,让企业、金融和社会合力参与到"数字农村"这一未来潜在大市场中来,提升了产业运营效率,优化了资源配置。如通过税务的"掌上开票"功能,形成了数据的叠变和裂变,串联起金融机构、保险机构和广大中小企业,既为广大梅农解决了往返开票、邮寄发票的时间成本和纸质成本(已为 2000 家农户开具 8171 张增值税电子普通发票,开票金额达 1.17 亿元),也为政府部门降低了办税成本(精减率达 100%,时长压缩 95%,满意率达 100%),堵塞了征管漏洞,最大的价值是发挥了数据"大汇聚、全打通、深应用"的作用,直接催生了金融、保险、企业之间新的变革和创新。此外,"亲农在线"开发应用模块对接省"浙农码"的做法,也可推广至全省的柑橘、稻米、葡萄、茶叶、水产品、中药材等各类特色农产品,对全省打造"特色农业、智慧农业、订单农业"具有积极作用,后续还可以向农业的其他产业和乡村公共服务、乡村治理等领域拓展。

第十二章
数字赋能开放发展类

第一节　鄞州区：以"最多报一次"优化数字政务"鄞州解法"

一、案例概况

鄞州区全力推进城市全域更新、数字变革赋能等行动，率先拓展数字化改革的鄞州场景，走出高质量发展体制机制改革创新的鄞州路径。为贯彻落实李克强总理考察宁波时"最多报一次"的指示精神[1]，鄞州区梳理服务事项，通过数字化改革进行系统性重塑，以企业和群众需求为导向，打通数据孤岛、联通部门数据库、系统库，涵盖重大投资项目申报、企业注册设立、生产经营、报税审计、劳动争议、市场监管、检验检疫、退休社保、不动产数字化改革、民生服务、市政审批等，一事联办、一网通办，打造了政务服务"最多跑一次"、政策咨询"最多问一次"、老旧小区"最多改一次"、马路维护"最多挖一次"等金名片。目前，重点针对企业经营过程中遇到的报表多、填报重复等难点堵点问题，着手研究解决方案，创新减负赋能改革，重塑基层服务模式，已初步完成减少报表的实施方案和技术方案的论证，基层"一表通"场景应用也在加快推进，打造数字政务的"鄞州解法"。

---

[1] 2021年5月24—25日，中共中央政治局常委、国务院总理李克强在浙江省委书记袁家军、省长郑栅洁陪同下在宁波考察。在鄞州区行政服务中心，李克强听取省市深化"放管服"改革汇报，对他们便利企业和群众、促进市场主体大幅增长的做法予以肯定。李克强指出，市场主体是发展的基础，"放管服"改革就是要解决他们的难点堵点，不仅要实现办事"最多跑一次"，还要通过信息共享实现常规信息"最多报一次"，减轻企业负担。营商环境要不断持续优化，让企业群众办事更方便，市场竞争更公平。

二、主要做法

1. 组织领导到位，成立"最多报一次"工作专班

区委区政府根据年初的工作目标以及总理视察服务中心时提出的"最多报一次"的改革要求，多次研究"最多报一次"落实措施，要求各相关部门认真抓好落实。6月9日鄞州区召开数字化改革例会，会上确定由区审管办（跑改办）为"最多报一次"项目总牵头单位。为统筹推进鄞州区"最多报一次"工作，成立鄞州区"最多报一次"工作专班，建立"1+N"工作专班模式，由常务副区长担任组长，区审管办负责牵头组织、统筹推进；区政研室（改革办）和大数据中心负责协调指导，在改革推进和系统建设等方面给予支持；其他17个成员单位按照各自职责做好报表梳理、优化整合等工作。专班实行实体化运作，相关行业主管部门抽调业务骨干，有序推进改革实施。6月11日和21日，专班两次召开"最多报一次"工作推进会，研究实施跨部门报一次改革工作。

2. 调查摸底到位，厘清"最多报一次"需求清单

为厘清"最多报一次"需求清单，有效实现跨部门、跨层级、跨领域的报表整合，重塑报表生成流程和服务方式，鄞州分部门组织实施"最多报一次"法人企业报表填报情况调查摸底，对科技、文化旅游体育、税务、市场监管等第一批重点部门做到"应调尽调"。根据摸底调查，向税务部门报送的报表基本为财务类报表，共计97张，月度报送的有19张，季度报送的有65张，年度报送的有13张；市场监管所需企业年报中包含大量财务数据；科技行业的报表已从月报调整成季报。在摸清底数后，鄞州着手实施"三个一"行动，即"一行业、一清单、一报表"，做到字段清、来源清、去向明，打破条块分割，促进数据关联应用，提升政府整体分析能力。

3. 方案谋划到位，建立鄞州"最多报一次"统一门户入口

鄞州以市场主体为切入点，梳理核心业务，深化实施跨部门多业务系统改革，打造纵向一体化、横向一体化的整体流程。建立鄞州"最多报一次"

统一门户入口，谋划搭建基础支撑体系，有效利用市场监管业务系统中的市场主体基本数据，实现以统一社会信用代码为唯一标识的识别体系；与税务部门谋划数据共享实施方案，向国家税务总局争取支持，谋求数据推送。为确保"最多报一次"的数据安全及复制推广，6月中旬，已与蚂蚁金服、南京大汉等技术公司探讨整体技术实施方案，通过服务端的优化整合，实现治理端的高效便民，驱动政府决策、执行和监管水平的提升。

4. 任务分解到位，制定数字政府行动计划。

按照《鄞州区深化"最多跑一次"改革推进政府数字化转型三年行动计划（2020—2022年）》，鄞州将以深化"最多跑一次"改革为总牵引，打造全省政府数字化转型先行区，以数字赋能全域治理现代化。通过构建融合统一的基础网络、共建共享的大数据中心、开放标准的应用支撑、协同融合的数字化应用等四大体系，形成"四横四纵"的运行架构，即数字化应用层、应用支撑层、数据中心层、基础设施层以及政策法规、标准规范、安全保障和组织保障，有效驱动政府理念创新、信息技术创新、政务流程创新、治理方式创新。推动跨部门、跨系统、跨地域、跨层级的高效协同将成为常态，以大协同为核心的六大应用体系明确任务分工，各部门协同，明确时间节点，确保行动计划按期完成。

5. 流程重塑到位，强化政务2.0平台应用

推动全区41个部门11个公共服务单位1885个政务服务事项100%进驻行政服务办事大厅，实现"进一扇门，办所有事"。同时根据办事类型划分为不动产登记、婚姻登记、公安事务、社会保障、投资项目、税务事务、商事登记、民生事务8个办事片区，分区分类实施2.0改革，结合国家电子证照试点区（县）要求，推进"无证件、无证明"在2.0办件中的应用。截至目前，鄞州政务服务2.0平台上线35个部门1399个事项，窗口端办理各类事项6.5万件，材料共享率提升50%，材料递交量减少60%，人均办事时间减少70%。在下应街道公共事务服务中心推进镇（街）政务服务事项接入政务2.0平台，深化基层"一窗受理"改革，全面覆盖综合窗口，依托政务2.0

平台统一收件，由区级中心开展业务审批，并回传审批结果，实现区级业务延伸受理和就近出件，打通政务服务"最后一公里"。首批上线医保共济账户备案等 17 个医保事项，实现区、镇（街）政务 2.0 纵向联动。2020 年 9 月 7 日召开了全区镇街 2.0 应用推进会，要求镇（街）服务中心在 10 月底前完成所有大厅改造和 2.0 系统延伸工作。

6. 综合集成到位，推动"一网通办"应用

鄞州区被列入全省示范大厅试点区县之后，全面启动政务服务一网通办改革示范标杆大厅建设工作。"一网通办"平台已上线 35 个部门 1399 个事项，优化推进事项提升，实现数据共享更充分，政务服务材料更少、表单更简、流程更优。截止到 5 月底，一网通办窗口端平台共受理 6.16 万件。同时，延伸基层应用。深化基层"一窗受理"改革，全面覆盖综合窗口，全区 21 个镇（街道）已全面完成一网通办建设。上线医保共济账户备案等 72 个事项，同步延伸至洋江社区等村社网点，实现基层试点三级延伸全覆盖。推广告知承诺。依托一网通办平台，在进一步规范服务指南精准度的基础上，通过数据共享、监管闭环等方式，推动政务服务从"提交材料"向"告知承诺"转变。食品经营许可证新办等 29 个事项可在受理环节可采用告知承诺完成办理。

7. 制度重塑到位，打造"最多一次"系列

全面推行首问负责即问即办制度，做到第一时间接待、第一时间回应、第一时间处理、第一时间反馈，用政府的"负责指数"换取百姓的"幸福指数"。推进重点领域"一件事"改革，其中"公民个人身份证信息连锁变更一件事"改革，让老百姓享受身份信息"一处变更处处变更"的便利化服务，鄞州区在全省率先实施新建商品房转移登记"交房即办证"改革，实现了"上午申领，下午即制发完成不动产权证书"。坚持以人民群众多元化司法需求为导向，加强调解、仲裁、诉讼对接，推进劳动争议化解"最多跑一地"，初步形成了维权、调解、诉讼相互沟通、相互配合的劳动争议多元化解工作格局。鄞州区信访代办实现了对群众初次信访事项"一次受理，全程代办"。

通过"最多改一次"，构建起"政府监管+社区管理+居民自治"的管理格局，促进管理常态化长效化、全过程全周期。推进"最多问一次"，鄞州区公共事务受理中心已经把全区的33个专线电话进行整合，建立了统一对外热线81812345。鄞州区还推进"一件事"扩面，"公民身份信息连锁变更（更正）"一事联办、婚育户"一件事"以及社会保险费补缴、社会保险关系转移和接续等"一件事"均已实现数据跑腿。"身后一件事"在鄞州、海曙、江北、北仑、镇海五区实现跨区通办。

三、典型意义

1. 通过"最多报一次"持续深化"放管服"改革，激发了数字政府建设的创新活力

"放管服"改革以"深化行政审批制度改革、改善营商环境"为目标，将现代信息技术融于政府决策、公共服务、监督导向等制度供给，系统性推进机构职能优化、部门业务协同、行政管理机制和服务方式等变革，持续创新深化。鄞州区在推行"最多跑一次"改革取得成效的基础上，推进"最多报一次"改革，更深入地推动部门协同、数据共享、制度重塑、综合集成，为政府数字化改革提供了创新路径和现实需求。

2. 汇聚了群众企业需求，形成数字政府公共服务的强大动力

"最多报一次"便民利民的服务举措，针对企业和群众关心的问题，疏解"堵点"、破解"难点"，不断简化流程，提高服务效率，方便了百姓，优化了营商环境，也激发了人民群众参与改革的积极性，让数字政府建设成果惠及更多企业和群众。目前，鄞州实行"审批掌柜"机制推进"即收、即审、即办、即发"，除需窗口部门局长会议"会商会审"事项以及需要现场踏勘事项外，全部实现"窗口即办"。非专网窗口的工作人员在政务2.0平台收件后，直接在同台电脑进入业务系统审批，本窗口或出件窗口出件。公安、出入境、公积金等使用独立专网的窗口，采用两台主机、一个显示屏办件，由工作人员在政务2.0平台收件后，在显示屏上"一键切换"至专网，办理业务审批，在本窗口直接出件。

3. 加强了数据共享统筹协调力度，建立健全政务数据共享服务体系

"最多报一次"通过构建统筹规划、统一标准、保障安全的电子政务系统，更大力度地推进政务数据共享和业务协同，实现跨层级、跨地域、跨系统、跨部门、跨业务的协同管理和公共服务，为建设人民满意的服务型政府提供了数字基础。同时，通过大数据的应用以及信息资源共享平台等的构建，实现了跨部门的整体业务协同，减少了部门之间的推诿扯皮，有助于提高行政效率。通过不断推进区块链、大数据、人工智能等新技术应用，不断提高数据共享规范性、精准性和有效性。

4. 简化了群众、企业办事程序，进一步发力优化营商环境

目前，鄞州区正持续探索新技术、新产业、新业态、新模式，持续激发全域创新活力，持之以恒打造"热带雨林式"的创新创业生态，而优化营商环境是其中重要一环。通过深化"最多跑一次"改革，不断做"减法"，优化完善审批流程，实现"最多报一次"，推进重点领域改革，充分释放改革红利，全面激发市场活力。

第二节　路桥区："数融通"赋能初创期科技企业

一、案例概况

为进一步优化路桥区营商环境，全面拓宽"引进来"渠道，吸引更多社会资本、科创企业、人才项目等落户路桥，全面加快推进开放路桥建设。路桥区发挥小微金改先发优势，以"数字＋金融＋科创"为切入口，建立科创企业专营化服务、智能化评级、精准化股债贷联动、多元化风险分担、梯队化培育"五大机制"，对标国际标准，加强金融扶持，实现从技术理性向制度理性的跨越，进一完善政策支撑体系，全面优化开放型营商环境。

二、主要做法

1. 完善政策支撑体系

出台《台州市路桥区数字赋能初创期科技企业金融服务试点方案》和财政贴息、信保担保两大配套政策，通过搭建"一个应用、五大机制、三大保障"服务体系，引导金融资源对优质项目、优质企业、高端人才创业企业等进行重点支持，有效破解信贷供给与产业结构优化升级不匹配问题。

2. 创新评价模型

创新360企业信用报告，基于政务数据，对企业进行成长潜力、稳定性、基础能力等多维度评价，形成企业360°全方位的信用报告，为授信审查人员提供授信依据和参考。独创"科技五维"评价模型，基于政务数据和行业数据，从行业前瞻性、技术前瞻性、内生成长性、外部支持度、数字化程度等五个维度对科创企业进行全新评价，努力成为初期创科技企业的"价值发现者"。同时创新评估矩阵，通过传统信用评级及科技属性评价叠加，对企业精准把脉、分层分类，精准适配投融资机构。

3. 强化协同共建

打通部门间数据壁垒，汇集人行、法院、公安、电力、市场监管、房管、国土、环保、人社、食品药监、税务、水务、发改委等15个部门近200张政府报表超3.3亿条政务数据，有效支撑核心业务。实现部门协同共建共享，实施跨部门、跨系统协作，通过细化任务指标，将股债贷联动、信保担保、企业主体培育等工作量化分解，金融机构、投资机构、信保机构、科技、经信、人才办等部门协同推进，形成初创期科技企业协同治理可量化、可评价，整体工作推进进度可掌控的"一站式"金融服务。

4. 拓展融资渠道

打破原有单一银行信贷格局，积极引入股权、融资租赁、企业债等多种融资模式，优化初创期科技企业融资环境。打通需求发布、企业认定、双向评价、矩阵判断、融资服务、企业培育等环节，加强不同部门、不同机构、不同环节的数据互动和信息反馈，实现初创期科技企业"外部评级+市场化投贷联动+政策性担保、企业孵化培育"的全流程闭环服务，为初创期科技企业提供精准金融支持。

三、典型意义

1. 形成全新评价标准

作为核心业务的"科技五维"评价模型和360°企业信用评级，打破传统信用评级模式，赋予初创企业新的评判标准。通过不同视角叠加，精准生成初创期科技企业"信用画像"，形成分层分类结果，为地方政府及金融监管部门决策提供有价值的参考，也使企业能更好地了解自身发展存在的问题，引导企业加大科技创新力度。同时能有效破解政银企信息不对称困局，有效降低金融机构尽调难度和成本，畅通融资渠道。

2. 重塑金融服务机制

"数融通"多跨应用场景通过打通初创期科技企业"外部评级+市场化投贷联动+政策性担保、企业孵化培育"的全流程闭环服务，将专营化服务、智能化评级、精准化股债贷联动、多元化风险分担、梯队化培育等"五大机制"充分融合。金融机构和有关部门积极参与企业的成长过程，优化企业的成长环境，助力企业迭代升级和高质量发展，从而实现金融机构从单一"融资"服务到"融智"服务质的转变。

3. 赋能一批初创企业

通过全流程闭环服务，促进存量提质，增量提效。目前，"数融通"应用系统注册企业778家，接收融资需求388次，总放款金额28187万元，完成386家科创企业评级，为90家初创期企业授信1.58亿元，融资获得率为85.71%，有力推动了营商环境持续优化。

第三节　北仑区：自贸区背景下数字赋能"两业融合"发展

一、案例概况

作为全国首批"两业融合"试点区域，北仑区积极抢抓自贸区扩区覆盖机遇，统筹运用数字化改革手段，推动"两业融合"工作体制机制、治理体系、制度政策、业务流程的全方位、系统性、重塑性变革，促进高水平开放、高质量发展。其中，重点聚焦浙江自贸区宁波片区"一枢纽三中心一示范区"的定位，围绕四个方面的模式路径，即：提升装备制造业和服务业融合水平、深化制造业服务业和互联网融合发展、促进现代物流和制造业高效融合、加快原材料工业和服务业融合步伐，着力打破制约两业融合新路径新模式的障碍，推进"两业融合"路径创新、制度创新、保障创新、管理创新，在全省率先探索形成一批可推广可复制的两业融合模式路径。围绕政府"两业融合"治理体系和治理能力现代化，以数字思维、方法和手段，按照V字模型迭代升级的方法路径，在全省率先构建两业融合整体智治数字化新场景，推动融合程度智能评价、融合服务精准提供、融合主体多元培育。聚焦特色产业领域，建设了一批特色应用场景，打造出具有北仑特色的两业融合路径模式。

二、主要做法

1. 聚焦自贸区定位，多场景推进融合路径创新

根据国家赋予浙江自贸区宁波片区的"一枢纽三中心一示范区"功能定位和"两业融合"试点任务，围绕"提升装备制造业和服务业融合水平、深化制造业服务业和互联网融合发展、促进现代物流和制造业高效融合、加快

案例篇 ◎
第十二章 数字赋能开放发展类

原材料工业和服务业融合步伐"四方面模式路径,着力建设适应模式路径的融合场景。重点依托企业、产业主体力量,发挥龙头企业引领作用,在装备制造业、油气全产业链、工业互联网、供应链等产业领域,通过建设跨境电商线上综合服务平台、六六云链能源供应链、模具产业大脑等应用场景,通过数字化改革,提升两业融合水平,打造具有北仑特色的两业融合路径模式。

例如,"六六云链"能源供应链场景,充分发挥行业龙头企业带动作用,加强石化能源供应链上下游企业协同,链接国内外相关生产、物流、金融机构等供应链上下游,打造基于石化产业链的数字基础设施平台,实现供应链即时、可视、可感知,吸引产业生态企业集聚,打造能源化工品贸易交易集聚地,构建全行业乃至全国的能源化工品数字交易市场体系,以供应链创新推动宁波新型国际能源贸易中心建设。例如,模具产业大脑依托创元信息科技 Neural-MOS 模具工业互联网平台,设计开发产业链分析、产业链金融、行业设备分析等政府端应用场景,以及智能动态排产、产业链金融、生产指挥数据链、生产运行分析等企业端应用场景,对产业全环节全流程进行实时动态分析,为模具企业提供智能生产、协同制造、供应链金融等典型应用,支撑区域模具产业数智升级,为全省工业互联网行业应用探索路径。

2. 抢抓自贸区机遇,多领域推进融合制度创新

坚持问题导向、需求导向,围绕制约两业融合发展的制度性、政策性障碍,以改革举措推进制度创新。一是抢抓自贸区建设机遇寻求政策突破,承接用好上级下放的政策、权限,重点在油气审批监管、金融外汇便利化等方面寻求政策突破,特别是在国际航行船舶保税油加注许可、LNG 保税仓建设等方面取得创新突破。二是开展政策绩效评估完善融合政策,及时梳理两业融合有关的产业政策,对之前全区各部门各类制造业、服务业扶持政策进行绩效评估,出台专门针对服务业发展的服务发展专项政策 2.0 版,围绕制造业发展需要,落实支撑生产性服务业发展的政策举措。后续还将进一步整合区域发展政策,细化制订针对各融合路径模式的个性化扶持政策,形成两业

融合政策体系。三是积极试点推进重点领域制度改革，根据国家赋予的试点任务，创新用地供给制度，率先试点实施双轨并联用地制度改革，探索实施二三产混合用地、创新型产业用地（M0）制度改革，推进土地空间分层利用等改革创新。

3. 发挥自贸区优势，多元化推进融合保障创新

聚焦企业两业融合发展过程中的各类要素保障，依托自贸区创新制度优势，在金融、土地、人才、科技等方面，以数字化改革引领，创新手段，强化两业融合综合保障。一是金融支持方面，创新推进"智模贷""金融＋数字＋产业"数字化场景应用，金融机构利用互联网技术获取模具企业订单、交货、技改方面的数据，跟踪流程进度实时给予动态授信额度，简化信贷审批、放款流程，为优质模具类小微企业量身打造创新专属融资服务，实现供应链金融与工业互联网的深度融合。二是土地资源方面，出台低效用地开发利用政策，鼓励盘活闲置土地和低效土地，允许符合产业和用地规划、具备分割条件的宗地进行分割，允许在符合产业、规划、消防等条件且"三不变"的前提下"退二进三"，积极发展两业融合领域优质产业项目。三是人力资源方面，开展省级"产教融合"试点，开通产教融合直通车，推进北仑灵峰汽模小镇"产教融合"应用场景建设，优化两业融合人才支撑；发展融合化在线教育，支持互联网电商、网络直播等多样化的自主就业、分时就业尝试与探索。四是科技创新要素方面，促进研产对接，推进科研院校与企业间人才"资格互认、身份互聘、成果共享"等创新，打破制约科研成果转化"最后一公里"的藩篱。

4. 激发自贸区活力，多维度推进融合管理创新

按照"治理智能化、服务精准化、生态体系化、制度规范化"的目标方向，激发自贸区活力，多个维度推进融合管理的创新。一是建设两业融合数字化改革场景体系，搭建"1+4+X"的两业融合数字化改革场景应用体系架构，"1"是指1个两业融合综合应用场景，"4"是指融合路径模式、融合主体培育、融合综合保障、融合智能分析等4大功能模块，"X"是指聚焦两业融合各领域着力打造的"X"个子场景。其中，综合应用场景重点建设"一舱一库一图一指数"，即一个驾驶舱、一个数据库、一张热力地图、一套融合指数，重点建设北仑区两业融合"智控台"（驾驶舱），建立融合主体培育数据系统库，围绕政策、土地、金融、人才等方面要素保障，设立供需超市、问题流转、融合共创等功能板块，服务企业两业融合发展；建设在线诊断、融合画像、热力地图板块，探索融合评价指数，完善两业融合统计监测评价体系。二是创新以"工业社区"为载体的两业融合发展新单元，北仑区创造性地把社区治理的理念运用到工业园区管理中，建立网格联企机制、呼叫报到机制、工作联动机制和绩效评价机制，充分调动各职能部门、企业、群团组织等力量共同参与园区建设治理，推动上下游企业信息互通、资源共享、产销协同。以数字化改革推动工业社区服务理念、方法、流程的系统重塑，架构"码上知"专区平台，汇集涉企税费、人才新政、普惠金融、法律法规等政策数据包，实现政策信息"一站入口、一码感知"；开发"工业社区超市"应用场景，构建集企业库、需求库、技术库、人才库、项目库于一体的"五库一网"供需对接平台，推出云招聘、云路演、云评审、云签约、云诊断、云培训、云咨询等"七彩云"服务；综合集成需求排摸、流转、办理、跟踪、评价等闭环模块，实现企业问题解决进度、工业社区跟踪办理、机关部门效能评估等智慧化管理，打造"一图全面可知、一码走遍园区、一屏智享生活"的"未来工业社区"场景。

三、典型意义

1. 坚持问题导向，破解"两业融合"瓶颈制约

北仑区推进"两业融合"发展，始终坚持问题导向、需求导向，特别是在新一轮开放发展和数字化改革推进过程中，按照 V 字模型工作方法，从企业、产业、政府三个维度入手，着重梳理出两业融合企业发展诉求、产业升级需求、政府治理需要，并进行信息归集分析，总结出两业融合发展中面临的发展不平衡、协同性不强、要素保障不到位等深层次问题，具体来说，一是两业融合工作中不同层级、不同部门协同不够的问题,二是产业融合中市场供需、要素供给、政策保障等方面信息不对称的问题,三是对两业融合缺乏科学统一的衡量标准和评价体系的问题。在此基础上,围绕"提高政府整体智治能力,改革创新要素、政策保障体系,促进产业协同发展,探索形成两业融合指标监测评价体系"等方面,提出针对性的改革措施,破解两业融合发展瓶颈制约。

2. 坚持数字赋能,提升"两业融合"智治水平

北仑区坚持以数字化改革为引领,以体制机制创新为核心,加快政府、企业和社会等各领域的核心业务流程再造,充分激活社会各界的创新活力,积极营造全区两业融合发展的良好生态。政府层面,通过建设数字化综合平台,对两业融合进行智能分析、系统监测、科学评价,通过数字化手段为两业融合提供多跨协同集成、一体融合、闭环精准的智治服务,治理端逐步实现"诊断智能化、评价系统化、任务可视化、服务精准化",服务端逐步实现"一键诊断、一站对接、一体互动、一屏概览"。社区治理方面,探索工业社区数字化服务理念、方法、流程重塑,通过政策信息"一码感知"、需求资源"一键配对"、社区服务"一网通办",实现工业社区集成服务高质量发展的"智治"跃迁。产业层面,北仑区大力实施"工业大脑"建设计划,着力突破政府、企业的数据孤岛,积极引导企业构建以标准化数据驱动为核心,覆盖工业全环节、全流程和产品全生命周期的数据闭环,形成"数字驱动"的工业治理模式。大力支持汽车制造、绿色石化、智能装备等产业骨干企业建立以自身为核心、面向研发设计、生产制造、经营管理、市场营销等关键环节的大数据分析和云计算服务平台,在重点推进注塑云平台、模具云工厂建设的基础上,进一步推动制造云平台扩面,加强重点产业领域上下游企业协同制造。又如,探索建立分布式工业设计资源共享网络,强化 AI 技术在产品设计领域的应用,实现设计场景化、产品虚拟化,结合制造系统的智能化、柔性化改造,增强工业的定制设计和柔性制造能力。

3. 坚持改革引领，实现"两业融合"制度再造

北仑区始终把"改革创新"作为最根本的手段，特别是浙江自贸区扩区覆盖北仑后，抢抓机遇，进行一系列的改革创新，突破两业融合中的体制机制、政策等方面的制约。一是通过流程再造达到整体协同。从政府角度，打通"治理端"和"服务端"，实现"企业反映问题—部门自动认领—多部门协调解决——站式反馈"的闭环服务，实现政策精准推送，政策兑现直达直享。从企业角度，通过跨行业、跨企业融合共享，形成高效协同的产业链融合体系。推进制造业、服务业融合主体，上下游产业链供需智能化匹配，形成产业链、科技链、融合链对接的"资源超市"，实现由"单点对接"的"资源超市"平台对接的转变。二是推进政策资源要素供给重塑。在自贸区背景下，围绕"一枢纽三中心一示范区"定位，开展一系列政策创新落地。清理制约两业融合发展的政策措施，出台针对性综合性的两业融合扶持政策，探索实施双轨并联用地、二三产混合用地、创新型产业用地（M0）等制度改革。三是优化提升政府监管模式。开展"两业融合"统计监测体系研究，探索建立关键指标统计监测标准和体系，探索构建"两业融合"绩效评价体系。

4. 坚持市场主导，激发"两业融合"主体活力

北仑区推进两业融合发展中，始终坚持发挥好市场的主体力量，特别是在自贸区扩区覆盖后，顺应新一轮开放发展需要，以市场需求为导向，创新推出改革举措，建设多层次数字化场景，充分激发市场主体活力。如在产业领域，聚焦油气全产业链、高端制造业、工业互联网等领域，发挥龙头企业带动作用，建设了"六六云链"能源供应链场景、模具产业大脑、装备制造业智能协同制造云平台、文具行业共享生产服务平台、集运物流全产业链综合服务平台、跨境电商线上综合服务平台等行业性、特色性应用场景；在融合保障领域，创新推进"智模贷""金融+数字+产业"数字化场景应用，依托市场主体和金融机构服务力量，为优质模具类小微企业量身打造创新专属融资服务。

第四节　金东区：大宗商品数字服务系统助力企业降本增效

一、案例概况

2021年5月24日，李克强总理在浙江省考察时强调，浙江不仅要做小商品集散地，还要做大宗商品战略中转基地。金华地处浙江省地理中心，是长三角一体化中心区城市、沪杭金发展带重要节点城市，也是正在建设中的浙江省第四大都市区。基于区域的产业优势、物流优势和开放优势，金华具备建设全省大宗商品集散中心的扎实基础。据初步统计，2020年，金华市的规上企业大宗商品消耗量中，铜（原材料+中间产品，下同）约135万吨、铝约696万吨、钢铁约2154万吨、塑料粒子约690万吨、棉纱约372万吨、纸浆约216万吨、木材约249万吨，交易额近3500亿元。但目前，金华大宗商品交易过程中还存在一些难点、痛点，主要表现为服务引导能力不足、作业协同不足、运行监测效率有待提升。为助力制造企业降本增效、推动政府治理效率变革，金东区以数字化改革为契机，搭建了浙中大宗商品数字服务系统，为大宗商品交易相关主体提供一站式服务，改善大宗商品交易营商环境。

二、主要做法

1. 建设数字服务系统

依托自贸区政策优势及综保区保税优势，进一步集成企业端、政府端、监管端，打造线上交易的统一数字服务系统。将国际贸易单一窗口、综保区辅助管理系统、综保区场站管理系统、浙中公铁联运港作业系统等多平台，货主、货代、港口、铁路、车队、场站等多主体，以及物流、通关、结汇、退税等多环节"一站式"集成。

2. 寻求改革创新赋能

以便利化、流程再造为抓手，进一步精简报送、审批、监管流程，让数据多交互、人员少跑路，提高市场主体办事的便利度和可预期性，降低企业生产经营成本。以差异化、改革创新为抓手。构建以数据确权、加工、存储、交易、监管为一体的数据产业链，搭建场景化、集成性、智慧型的数字监管和数字服务平台。

三、典型意义

1. 助力企业降本增效

目前金华的大宗商品企业主要依赖线下交易、熟人交易，且物流仓储成本高、资金压力大。以永康为例，从上海寻找货源，买家企业需要支付的物流成本高达130～150元/吨，同时考虑到物流成本，买家往往一次性囤货较多，造成资金压力。而从金华寻找货源只需要30～50元/吨的物流成本，可以5吨、10吨零买零发，周末、晚上均可发货并且配送上门，有效降低企业运营成本、提升资金使用效率。

2. 实现服务多跨集成

大宗商品交易过程中涉及综保区、场站、仓储、货站、海关、货代、报关行等多类主体，通过搭建一个公共服务平台打通各相关方系统，可以实现多部门、多主体互联互通，实现服务多跨集成，提升部门治理服务效率。

3. 提升运行监测效率

目前，大宗商品交易涉及的各主体间数据共享不足，相关统计分析监测大多依靠人工统计、报送，在分析的时效、广度、深度等方面还存在不足，不足以支撑政府以及综保区决策支持的需要。通过搭建数字服务系统，可以实现数据的实时动态展示，对库存、业务量、货量等多维度统计分析，在政策制定以及物流运输、场站建设、城市规划、交通道路规划等方面提供决策支持。

第五节　桐乡市：数字化应用场景赋能营商环境改善

一、案例概况

桐乡市以数字化改革为牵引大力优化全市营商环境，围绕企业最关切的投资项目，聚焦拿地开工和竣工验收两个关键环节，创新推出"拿地即开工""竣工即验收"两大数字化应用场景，推出"拿地即开工""竣工即验收"数字化场景应用，建立一体协同、一舱管理、一网通办"三个一"运行机制，实现了"开工"和"验收"材料一次提交、服务一网通办、结果统一出具，真正做到了企业"拿地即开工""竣工即验收"。桐乡市中益化纤有限公司的年产60万吨智能化、低碳差别化纤维外资项目，通过"竣工即验收"数字化场景应用，顺利完成验收并提前投产，做到了上午完成最终的联合验收服务，下午即可线上陆续出具相关竣工验收意见书，使原需3个月才能完成的验收项目，现在4天即可完成，刷新桐乡助力外资项目的新"数"度。

二、主要做法

1. 重塑业务流程，在审批环节精简融合上见实效

（1）以需求为导向，在业务层面实现 V 字模型向下拆解。通过重新梳理两项改革实施文件，对"开工前的项目审批手续"和"竣工后的项目验收手续"在业务层面实行按 V 字模型向下拆解，通过拆分数据需求，追溯数据来源，依托一体化智能化数据平台将项目相关业务数据沉淀至桐乡数据仓，精确实现业务数据与平台对接。

（2）以数字化思维为导向，在操作应用层面实现按 V 字模型向上重组。围绕企业需求，以数字化思维，重塑拿地开工、竣工验收全流程，打破时间界限、前后置关系，推出告知承诺、多审合一、多评合一、四证联发、联合验收等改革措施，形成多跨协同的在线数字应用系统。以"拿地即开工"为例,以往,企业拿地后才能开展项目报批,取得"四证"的时间在60天左右。实施后,变部门串联接力跑为并联同步跑,土地合同签订后5个工作日内即可取得"四证",审批速度加快95%以上。

(3)以"一件事"为标准,建立"一体协同、一舱管理、一网通办"运行机制。围绕企业全生命周期"一件事",坚持线上线下联动,建立一体协同、一舱管理、一网通办"三个一"运行机制,做到资源集成化、服务智慧化。如以前要向不同部门递交的同一类材料只需提交一份,部门出具的材料要作为资料提交其他部门的,由部门之间提供,通过环节精简、材料瘦身,实现"拿地即开工""竣工即验收"材料一次提交、服务一网通办、在线签订承诺、结果统一出具。

2. 强化创新驱动,在多跨协同数字赋能上出实招

(1)打造数智平台。在"桐企服"数智平台创新开发"拿地即开工""竣工即验收"数字场景应用模块,通过"信息共享、业务协同",有效解决投资项目审批流程多、涉及部门多、递交资料多的难题。在浙江政务服务网和浙里办App开设"桐企服"数智平台入口,企业只需登陆浙江政务服务网或浙里办App,即可进行在线申请和办理,实现"拿地即开工""竣工即验收"从线下到线上的2.0变革。

(2)打好数据底座。依托一体化智能化公共数据平台桐乡数据仓,充分发挥整合平台数据的应用优势、全域目录覆盖的资源优势,加强系统间的互联互通和数据交换共享,数据赋能数字场景应用,与数字应用场景相关的数据统一归集至桐乡数据仓,将数据取之于部门,用之于部门。截至目前,桐乡一体化智能化公共数据平台已归集各部门数据2.97亿条,共享调用270余万条。

(3)打通项目信息。实现与浙江省投资项目在线审批监管平台3.0系统无感互通。可凭项目唯一代码,直接调用省投资项目3.0平台上传的项目数据,包括上传的证照资料、部门批文等,企业无须重复录入。以"竣工即验收"为例,企业登录该数字应用网上平台后,无须再分头向建设、自然资源和规划等部门提出验收申请，只需一次提出申请和提交资料，平台将原来需要5个部门参与的8个验收环节，压缩为1次线上审核1次现场核实，材料由原来的189项减少为5项，精减资料97%，办理时间从3个月以上压缩至6天。

3．深化精准服务，在优化提升营商环境上干实事

（1）聚焦"整体智治"，重塑企业服务新机制。以"整体政府"为核心，打造多部门整合"一体协同"集成办理。建立线下企业综合服务中心，有效破除部门横向壁垒，实现了企业办事"一站贯通、智慧协同"，问题诉求"一门受理、闭环管理"。投资项目从立项、报建、拿地、发证、验收申请和批复均在网上办理，做到"企业少跑腿，甚至不跑腿"。

（2）突出"精准服务"，构筑企业服务新模式。聚焦企业发展的痛点难点堵点，依托"桐企服"线下服务中心，落实滴灌式精准服务，为企业发展赋能提效。在"桐企服"数智平台上线VIP组团服务线上申请，企业有难题只需在线上申请VIP组团服务，通过后由部门骨干开展上门服务，现场答疑解难。

（3）坚持"全程护航"，升级企业服务新成效。依托"桐企服"平台，围绕企业投资立项、项目审批、竣工验收、生产经营等"成长链"，创设全程化全链条服务，解决政府企业服务碎片化问题，系统完善企业诉求提交、解决、反馈机制和涉企政策精准获取机制，进一步提升企业的获得感和满意度。例如，桐乡维动智能装备有限公司是桐乡市2020年引进的总投资超亿美元重大外资项目、数字经济核心制造业项目。企业计划引进相关专用设备，于2021年2月申报外商投资鼓励类项目，但由于申报平台问题造成企业无法进行鼓励类项目的申报和勾选。为此维动公司向"桐企服"平台寻求帮助，接到诉求后部门迅速反应，最终即日帮助企业完成了鼓励类项目的申请，顺利帮助企业拿到了外资投资信息报告回执，解企业燃眉之急。

三、典型意义

1. 优化营商环境的共识正在转变为政务服务的积极行动

桐乡市紧紧围绕创新政务服务方式,持续优化营商环境这一主题,通过转变政务服务方式,变企业跑部门为部门主动为企业服务,政务服务部门刀刃向内、自我革新,大刀阔斧减环节、减材料,通过不断创新,解决企业"卡脖子"问题,努力创造最优营商环境。2021年以来,桐乡市已实现"拿地即开工"项目15个,总用地面积446.60亩,总投资额66.43亿元。实现"竣工即验收"项目2个,3个项目进入通道推进中。VIP服务团队已为171个项目提供精准、专业的政策咨询、现场指导和跟踪服务,共解决问题263个。

2. 营商环境提升对外商投资的积极促进意义

桐乡市通过持续改善营商环境,积极吸收利用外资,2021年1—6月,全市累计完成实际利用外资(部口径)2.9亿美元,同比增长120.83%。

3. 数字化应用场景在政府部门多跨协同的有益探索

基于投资项目审批、竣工验收场景,通过业务通、数据通,驱动行政审批效率上出硬招,推动审批环节上见实效。通过按V字模型拆解、重组,实现跨部门、跨业务、跨环节的高效协同,实现了涉批部门从散到统、多跨协同的迭代,使企业办事更便捷,部门协同更高效。

第十三章 数字助力共享发展类

第一节 玉环市：破解消防整治三大难题，精准预警保障消防安全

一、案例概况

玉环市聚焦消防整治预警难、管理难、协同难三大难题，在全省率先成立消防铁拳办公室，于2018年创新搭建"云上玉环"消防安全预警防控应用，运用大数据、云计算、人工智能等技术，构建"数据平台＋政府三级管理平台＋消防物联感知平台"整体架构，打造消防安全领域精密智控，形成"小火不出村、大火不出镇"工作格局和"人人知消防，人人干消防"安全意识。"云上玉环"消防安全预警防控应用运行3年来，全市火灾总数同比分别下降50%、26.7%和15.6%，亡人火灾事故"零发生"。"云上玉环"消防安全预警防控应用还成功入围浙江省"城市大脑"（智慧城市）应用优秀典型案例评选50强，排名第5位。

二、主要做法

1. 云端集成，打造消防安全"数据池"

（1）精细化梳理数据需求。依托"云上玉环"消防安全预警防控应用，及时掌握消防安全领域基础性的动态信息，按照重大任务（持续推进消防安全整治）、核心业务（破解消防整治过程中预警难、协同难、管理难等三难问题）、一级任务（火警火灾预警防控、消防隐患整改反馈、消防安全检查

管理、基础设施安装建设、宣传教育责任追究)、二级任务、三级任务确定任务清单,逐级拆解至最小颗粒度。通过设立指标体系以及联网单位基本信息、五大类指数等数据需求类型,整理细分出39个数据项明细,做到底数清、情况明。

(2)多系统贯通数据共享。整合对接浙政钉、国家地理信息公共服务平台天地图、三台合一(110、119、120)接警平台、消防监督管理系统、房管通系统、市委政法委基层四个平台、市市场监管局阳光厨房、社会厂家物联终端设备平台等40余个系统的数据,打通系统间数据壁垒,实现数据共享。

(3)跨层级协同数据归集。建立"一纵一横"协同工作机制。在纵向上,向上对接浙政钉、省市消防信息平台,向下形成玉环市—乡镇街道—行政村—网格员—社会单位协同的多角色多终端应用模式。在横向上,根据各行业各领域消防安全分工和网格化治理等规范要求,以市消防铁拳办、市委政法委、市应急管理局为牵头单位,48个消安委成员单位协同联动,有效对接"流管通""房管通"等各部门消防治理相关平台等数据库,实现多点汇聚共享共治共用。

2. 长效管理,构建消防预警"防控圈"

(1)风险评估"一图统揽"。建立健全"一图一码一指数"考核体系,以火警火灾类指数为重点,消防隐患类、安全检查类、基础设施类、宣传教育类等为辅助,共5大类30小类104项细则,分区域、分行业对消防安全形势进行实时风险评估,并按照风险程度将评估结果分为4种颜色,形成全市消防安全风险分析"一张图",精准把脉全市消防隐患整体情况。

(2)码上除患"全链闭环"。大力推广"云上玉环"平安码,工作人员在日常巡查中通过手机扫码自动生成巡检报表,并同步将检查结果发送至出租房业主手机端,督促提醒业主对照"红、黄、绿"三色结果分类落实整改举措,整改结果返回到工作人员手机端进行审核,形成"发现—整改—验收"的有效闭环。

（3）预警联动"灭早灭小"。在"九小"、人员密集场所及居住出租房等关键部位安装温感、水压、电压等传感器物联网设备，一旦消防智能终端设施感知发生火情，根据系统智能分析结果自动通过电话、短信、App等方式向住户、网格员、村（社区）、乡镇（街道）、部门、市级管理人员等五级预警人员推送预警信息，确保突发事件信息能够得到快速、有效处置。

3. 全域智治，织密消防物联"生态网"

（1）开启"千里眼"，确保消防隐患"看得见"。通过全面布局智慧用电、智慧烟感、远程监控、智能温感、水系统等消防终端设施建设，打造"前端感知、中端分析、末端预警"的24小时在线监管体系，基本摆脱传统人工值守的束缚。通过对风险图、传感器、视频等数据的分析研判，一旦发现设备故障、消防通道堵塞、登高面被占用、人员值班脱岗等情况，第一时间定位，立即督促整改。一旦发生火情，可迅速调取现场视频、出警视频、车载视频、高空视频等，并显示网格员、消防车辆实时位置及归集路线，第一时间形成"天上有'无人机'、高空有'鹰眼'、街面有移动视频"的立体式监控，为领导靠前指挥、全盘调度消防救援工作提供更加直观的前端保障。

（2）搭建"智慧脑"，确保消防治理"管得准"。在前端智能设备基础上，搭建后方"消防智慧大脑"。通过共享智能终端反馈数据，依靠"火警火灾类、消防隐患类、安全检查类、基础设施类、宣传教育类"五大指数的建模和智能分析，精准研判消防安全的"健康状况"。目前，全市接入各类智能终端42557个（其中无线报警系统26238套，充电桩1513套，远程监控系统240套，用电监测2867套，水系统51套，消火栓17套，视频监控11476路，高空瞭望155路），通过智慧消防大脑共分析消防预警信息超过240万条次，有效率达85%，已推送消息超300万条次，有效降低了火灾事故的发生率。

（3）运用"考评云"，确保监管主体"压得实"。创新研发"一图一码一指数"精密智控消防工作法，充分运用大数据、信息化手段优化考评方式，构建以"人防+物防+技防"为核心的智慧消防物联网生态。通过建成"三库"数据（消防全域数据信息库、隐患案例库、消防主体考核体系数据库），自动对乡镇（街道）、行业主管部门、消防主体的履职情况进行"云上职评"，并将结果予以公布，倒逼全行业、全领域责任主体压实消防治理责任。目前，已完成对全市所有乡镇（街道）、223个村居及工业区、32个政府部门的平台使用授权，录入700余名网格员、监管人员信息，累计考评约3万人次。

三、典型意义

1. 一套智慧终端，预警"不打烊"

玉环市全面布局消防智慧终端设备，在"九小"、人员密集场所及居住出租房等关键部位安装温感、水压、电压等传感器物联网设备，通过前端智能终端反馈数据，及时通过电话、短信、App等方式向住户、网格员、镇村管理人员等推送警示信息，确保第一时间发现并处理火情。

2. 一条数据链路，除患"全留痕"

在隐患排查、网格上报、部门协同等环节，充分运用区块链"去中心化"技术，数据一经提交将不可删除、撤回、修改，实现平台内数据留痕、不可篡改，确保数据真实客观，杜绝推诿扯皮。

3. 一个数字大脑，智理"全域化"

不断完善消防安全责任体系，创新研发"一图一码一指数"精密智控消防工作法，专人专员对接联系该市各个辖区，努力实现从网格化治理到网格化"智"理的转变。

第二节 秀洲区：构建养医护智慧康养服务体系

一、案例概况

近年来，秀洲区在努力打造均衡富庶发展最佳典范的过程中，着眼人的全生命周期公共服务优质共享，根据老年人群多样化的健康养老服务需求，在全省率先探索实施"家院融合·养医护康智慧康养"服务模式。2020年7月，秀洲区试点实施"家院融合·养医护康智慧康养"服务模式，建立秀洲区养医护康智慧康养服务平台，通过为试点区域的500名居家老人开展"养医护"一体的服务，做到"一中心"全响应，"一张网"全融合，"一终端"全应用，"家庭养老床位"初见雏形。

二、主要做法

1. 围绕所需所急，推动智慧终端入户，做"为老知心人"

（1）开展养医护智慧康养服务试点，打造"监护安全床"。以王店镇、新塍镇、新城街道和高照街道为试点，在500户空巢独居老人家中安装智能床和传感器，定时监测、反馈老人睡眠状态时呼吸、心率等健康体征数据，实时传送至区级智慧指挥中心，并结合数据分析建立三级预警反馈机制。

（2）开展"关爱空巢居·智慧助安行"项目，打造"数字安全屋"。通过政府统一采购方式，重点针对全区约1000户空巢独居老年人订制无感式的"助安五件套"，内容涵盖智能水表、智能烟感、智能煤气、雷达跌倒报警、一键呼叫等，通过物联网、云计算、大数据等信息技术，实时监测老人居家安全数据，终端全部接入区平台，及时预警老人及监护人。

（3）开展困难老年人居家适老化改造项目，打造"舒适安全家"。从2019年起，率先启动首批困难老年人家庭适老化改造试点，出台首个老年人居家适老化改造地方标准。

第十三章　数字助力共享发展类

2. 系统整合资源，引导居家服务入户，做"为老贴心人"

（1）搭好一个平台，打造"智慧大脑"。建设秀洲区"安心养"智慧养老服务平台，下设养医护试点、全区居家养老服务（照料）中心、养老机构和智慧助安4大子场景，服务领域覆盖养医护500名试点老年人、全区137个居家养老服务（照料）中心、6家养老机构和1000户左右空巢独居老人。通过"健康屏"实时监测、大数据分析、预警信息提示，为及时响应、上门服务提供平台支撑。

（2）建好一个模型，推行"智能派单"。聚焦老年人多维度需求，集成政法部门微风险平台、市场监管部门智慧阳光厨房平台、消防部门智慧安防平台和民政部门养医护平台，建立平台接单、服务派单、分级处理、后台反馈、数据归集的"安心养"系统模型。依托第三方力量，建立家属、养老护理员和家庭签约医生三方联动机制，开发村（社区）居家养老服务照料中心上门服务App，提供生活照料、助浴、代办等10多项服务。

（3）形成一套规范，实现"数字监管"。制定《居家养老服务监督管理办法（试行）》，明确上门服务内容、频次、价格等，确保规范运作。同时，通过细化App流程设计，明确上门服务手机签到、服务情况拍照留底等操作流程，并实时上传系统后台统计，实现服务台账、员工档案、老人档案等全天候智能监管，资金使用逐项结算、直接统计，以数字化监督确保养老服务质量达标、资金使用规范。

3. 充分考虑使用局限，发动走访关爱入户，做"为老暖心人"

（1）全面走访，日常关爱。对全区60周岁以上低保、特困、空巢、独居等9类老年人开展"大排查"。线下依托"网格连心、组团服务"机制，发动网格员、社工、志愿者等开展"早看窗帘晚看灯，白天院落数板凳"活动，把每名特殊老年人纳入日常关爱视野。线上推广使用浙里救App，通过"入户走访核查＋掌上一键办理＋信息动态管理"实现早干预、早介入。

（2）分类管理，一人一策。根据走访排摸情况，建立红、黄、绿"三色"动态预警管理机制，其中红色对象实行日探访制，黄色对象落实周探访制,绿色对象落实半月探访制。同时为每名"三色"管理老年人指定一名关爱联系人、制作一张"关爱服务卡"、制定一个关爱计划,提供个性化服务。

(3)闭环服务,不漏一人。建立一支由亲属、邻里、网格员、村干部组成的四级服务网络队伍,"专职+专线"结合定期开展上门探护、隐患排查、信息采集、流转处置。目前已通过第一轮走访排摸老年人困难问题103个,解决100个。针对排查化解情况开展"回头看",深入查找工作短板,做到排查化解"不漏一户",帮扶关爱"不漏一人"。

三、典型意义

1. 设备更适老

老年人家中的智能设备都是根据老年人使用智慧设备困难的实际安装的,使用的都是无感式的智能设备,无须老年人穿戴和操作,一方面,智能水表、智能烟感、智能煤气、雷达跌倒报警和一键呼叫等智能设备关联"安心养"24小时智慧养老平台,并建立五级联系人网络,在设备报警后能迅速反应和上门查看;另一方面,智能传感器绑定试点老年人的监护人,实时监测、反馈老人睡眠状态(稳定状态)时健康体征数据,并提供"养医护"需求建议,供本人及监护人参考。

2. 资源更集中

聚焦老年人的养老、医疗、护理和生活等多维度需求,充分考虑老年人操作智能产品的局限性等因素,整合原先碎片化的养老服务资源,集成民政、卫健等七个部门共同推进,横向整合民政牵头的"养"(即养老机构和照料中心的养老护理员)、卫健牵头的"医"(即家庭签约医生)、医养结合的"护"(即养老服务单位和医疗单位的专业护理员)等服务资源,纵向整合需求方、平台方、服务方信息资源,实现部门联动、服务联动、供需联动。

3. 反应更快速

按照"15分钟服务圈"的目标,智能传感器通过收集老人的呼吸、心率和HRV（心率变化率）等数据，向有异常情况的老年人监护人发出一二三级提醒，建立老人监护人、养老护理员和家庭签约医生三方联动机制，形成"设备预警—家属需求—中心派单—养老护理、家庭签约医生介入"被动需求服务闭环和"家属需求—中心派单—养老服务—监督评价"主动需求服务闭环，满足老年人多样化的居家养老需求。

4. 服务更丰富

"安心养"平台除了在老人健康预警上能形成15分钟闭环服务外，还整合了日常养老护理员居家养老上门服务的12项内容、养老服务补贴上门服务包、康复辅助器具适配租赁等服务选择和监管，监护人通过手机App选择服务方进行上门服务，即使不在老人身边依然可以关注到他的身体状况，并通过第三方机构为老人提供养老、医疗、护理方面的服务。

第三节 慈溪市："数字+片区组团"助推乡村实现共享发展

一、案例概况

匡堰镇以慈溪国家数字乡村试点为契机，结合镇域产业特点，将产业相似度较高的邻近村"打包"成片区，通过党建引领、数字赋能、需求对接、产业联动，打破原有村际协同发展隔阂，有效整合资源和要素，实现片区行政村一体化高质量发展。"数字+片区组团"是指在乡村片区组团发展中，充分发挥党建联合和数字技术的作用，通过党建联合实现不同的行政村规划联体、产业联动、社会联治，通过数字技术降低社会治理成本、减少"政府—居民—企业"信息不对称、助推各主体包容性发展。这一模式的本质是党建引领、数字赋能、需求对接、产业联动的有机融合。它既是贯彻新发展理念的一种探索，也是运用系统观念、系统方法打破传统村际边界，更好发挥党建引领、数字技术作用的鲜活基层实践，为乡村实现共享发展和共同富裕、农村基层党建和乡村振兴协同共进、跨村社会治理优化升级、乡村产业实现协同发展等方面提供了典型示范。

二、主要做法

1. 坚持党建引领，优化"数字+片区组团"发展的组织统筹架构

匡堰镇坚持党建引领，将各种要素、资源、力量集聚起来，形成发展合力。一是打造片区战斗堡垒。在片区联合党组织建立上，匡堰镇成立由镇党委书记任组长的协调小组，全面领导片区组团发展工作，三个片区分别组建联合党委，由联系的镇级领导兼任书记，片区村党组织书记和镇相关职能部门负责人任委员。片区联合党委每月召开联席会议，统筹协调片区发展事务。二是强化片区党群服务中心建设。搭建片区党员服务群众平台，推动"先锋户联"向片区内的行政村覆盖，片区党员常态化联系农户，履行联系走访、排忧解难、推动发展等职责，以党组织和党员率先融合带动片区村务、村民加速融合。截至目前，匡堰镇细化生活服务等党员联系服务群众工作任务16项，通过组织片区"先锋户联"助推垃圾分类活动，9个行政村垃圾投放点分类准确率有效提升。三是发挥"党建+"作用，汇聚发展合力。慈溪全市超过50%的党建联盟由省"千名好支书"、各级兴村名师担任书记。匡堰镇成立由镇退休党员、领导干部牵头，由32名优秀本土企业家、乡贤和青年人才组成的片区人才智库，为片区组团发展出谋划策。同时，通过党建引领，打造了"党建+老励工作室""党建+上林讲团""党建+鸿雁志愿大队"等基层社会治理新模式。

2. 坚持数字赋能，提升"数字+片区组团"发展的资源整合能力

"数字+片区组团"帮助乡村发展提高资源整合能力，以数字赋能促进共享发展。一是加强数字基础设施和应用场景建设。匡堰镇升级电网、通信网、物联网三网，梳理改造电线1.8万米（道路长度），建设移动电信等通信基站16座，夯实数字乡村建设基础。该镇以农民建房难、农房闲置率高为切入口，积极打造农民富裕综合集成服务"易富农"项目，为服务农房建设利用、促进农民增收、助力乡村振兴、实现共同富裕提供有力的数字化平台支撑。目前，该项目已列入宁波市发展改革委发布的宁波市数字社会第一轮"揭榜挂帅"中榜项目名单且位列榜首，匡堰镇是宁波大市唯一一个进入榜单的乡镇（街道）。二是积极推进产业数字化。该镇抓住杨梅这一核心产业，推进生产和销售环节数字化。生产端注重数据获取和应用，积极帮助杨梅专业合作社在大棚内增设手机一键直达的温度计、湿度计、除湿机、监控设备等多种数字化设备，做到棚内温湿度、棚内杨梅生长情况等24小时实时监控，实现数据多维度可视化和全方位分析。在销售端，建立健全以杨梅为主的农产品质量监管溯源体系，杨梅生产、收购、销售全产业链采用二维码溯源登记管理，实现从山间地头到收运、销售的全程监管，同时借助数字化手段拓展杨梅、茶叶、越窑青瓷三大特色农文旅产品销售渠道。三是以数字化手段强化资源整合。依托农事服务中心和浙江中农在线等平台，建成镇庄稼医院并投入运营，组建"上林稼匠"农民专家队，以线上专家团队和线下农民互动等形式，开展农业植保、农技的远程诊疗和农技推广等服务，提供数字化农事服务。积极对接浙江大学、省农科院及沪、杭、甬等长三角媒体，举办杨梅节系列营销活动，利用"互联网+冷链物流"，打造独特地理气候条件下高附加值的产品品牌，11家专业合作社获得"慈溪杨梅"地理标志证明商标使用权。通过网上云带货、抖音直播等各种营销活动，推动农文旅电商呈现新亮点。现有杨梅电商达50余家，杨梅电商专业村1个，2020年全年线上销售10万余单，占全市的1/4以上。

3. 坚持需求导向，激发"数字+片区组团"发展的内生动力活力

匡堰镇始终践行以人民为中心的发展理念，充分尊重各村的组团意愿，坚决避免行政指令式的"一刀切"和主观意志的"拉郎配"，按照"有内在需求、有地域关联、有发展纽带"原则进行组团。一是尊重村民意愿。组团发展前，综合考虑村庄之间的村史、村情，充分尊重村民意愿，做好思想沟通工作。一方面，避免村民之间、干群之间产生新矛盾；另一方面，防止出现组团后"干部轰轰烈烈、村民冷眼旁观"的情况。与此同时，各村的决策权仍然在各村村民（代表）会议，议定事项仍需通过"五议两公开"流程在各村进行民主决策。经片区联合党委协商确定的项目，除以片区组建的市场化经营股份公司为主体实施外，其他项目实施主体仍然是组团各村。二是考虑内在需求。组团村庄之间应具有利益契合点，如集体经济增收、生态环境治理、公共设施建设等，充分考虑各村之间的内在需求，能通过组团统筹达到实现共享发展、优化跨域治理、统筹特色产业开发等目的。三是注重统筹协调。组团时从提升片区整体功能的角度出发，注重优势互补，避免同质化竞争和恶性竞争，特别是组团后在用地指标、项目资金、环境景观等方面能产生协同效应，实现要素整合、产业协同、集聚发展。正是基于这种需求导向和对客观规律的尊重，慈溪市形成了能人带动型、产业集聚型、资源互补型、补链配套型、服务统筹型、治理联动型、项目牵引型、飞地抱团型等多种片区组团模式，其中匡堰镇南部片区的组团模式属于补链配套型。

4. 坚持产业联动，创新"数字＋片区组团"发展的经济转型路径

匡堰镇通过为片区各村精准定位，产业在联动中实现了由"低小散"向规模旅的转变。一是产业协同，片区组团经营。根据镇域东部工业企业集聚度高、中部常住人口体量大、南部季节性文旅消费需求旺的特点，将全镇划分为东部产业提升片区、中部商贸集聚片区、南部文旅融合片区。在每个片区中，又实行片区组团经营。例如，为推动东部片区发展，镇发展服务办组建汽配、服装等块状产业技术创新培育库，2020年，邀请专家实地考察研判，共找到生产设备布局、生产工序衔接、现场数字化管控等方面共性问题12处，并举办科技指导、产业协商会等11次，最终制订了片区配套产业互补、设施共享等方案。2021年，东部片区多家服装企业协调共商搭建公共直播间，共计开展直播30余次，参与的10余家企业2021年第一季度销售额同比增长6%。二是一片一品，发展特色产业。匡堰镇南部片区的三个村沿山依次分布，倡隆村位于山脚，有农家乐、青瓷产业园等体验经济产业；乾炳村位于山腰，是慈溪高品质富硒杨梅的主要产地；岗墩村位于山顶，拥有茶叶、民宿等文旅资源。片区通过一条文旅线路把分散的点联结成"春品新茶、夏尝杨梅、秋可登高、冬能赏雪"的精品乡村旅游带，形成了山上山下资源有效整合、产业相互衔接、发展相互促进的共享链，扭转了以往山上山下各自为政、互不支持的局面，实现了共享发展。三是提质增效，市场化经营管理。南部片区通过各村投资入股等方式集中盘活村级集体资产，推进产业市场化运作。2020年，镇农业服务中心和南部片区3个村共同参股组建忆山文旅公司，3个村各占30%股份，镇里占10%股份，公司整合串联旅游潜力点位20余处，打造"全域秀美乡村"旅游线路，同时由镇农业服务中心注册"匡农优选"公共商标，统一打造"越窑青瓷＋富硒杨梅"文化IP，减少同质化竞争。2020年，南部片区实现游客量同比增加10万余人次，茶叶、杨梅产值分别增长53.8%、18.6%。

三、典型意义

1. 为乡村实现共享发展和共同富裕提供了典型示范

如何带动乡村地区更多的人共享发展、实现共同富裕，是新时代的重大课题。匡堰镇南部片区共有 3000 余户农户，其中 90% 以上都是梅农，他们的主要收入来自杨梅。以往慈溪杨梅主要销售市场在宁波、上海地区，而通过组团经营、产销协同、产业联动，南部片区 3 个村成立了 100 余家杨梅专业合作社，销售市场除江浙沪外，已拓展至深圳、广州、北京、天津、成都等众多城市。杨梅季外，通过片区抱团，发展深加工产业，开发特色文旅农产品，让广大梅农进一步增加了收入。只有共建才能共享，共建的过程也是共享的过程。在"数字+片区组团"发展中，通过党建引领，让许多社会力量也参与了进来，其中以老励工作室、上林讲团、鸿雁志愿大队较具代表性。2017 年 1 月成立的鸿雁志愿大队，已发展成由包括干部、律师、医生、教师、水电、消防、城管等匡堰镇各行各业的 667 名志愿者组成的队伍，现为慈溪市人员来源较广、服务较多、扎根较深的志愿者服务团队之一，其事迹先后被中国长安网、浙江新闻等媒体报道。

2. 为农村基层党建和乡村振兴协同共进提供了典型示范

党建引领是"数字+片区组团"共享发展模式的根本保证，是实现高质量发展和共同富裕的重要保障。"没有离开业务的政治，更没有离开政治的业务。"党建和业务"两张皮"是基层党建工作中存在的突出问题。慈溪市、匡堰镇在推进乡村片区组团发展中，找到促进党建与业务工作深度融合的着力点，打破传统行政村地域边界组建片区联合党委，为村与村、村与企业之间协商统筹、协调利益、协同发展搭建了重要平台和载体，并根据需要吸收镇干部、村书记和产业带头人等加入，解决了乡村发展中的带头人缺乏、资源短缺、产业融合度不高等问题。事实证明，以党建为引领推动乡村片区组团发展，通过党建搭建平台、凝聚人心、整合资源、培养人才，实现跨村域的组织共建、事务共商、发展共谋，有利于充分激发基层党组织对农村经济社会发展的引领力、组织力、统筹力,做到以党建带动业务,以业务助推党建,推动基层党的组织优势转化为乡村发展活力。

3. 为做好跨村社会治理工作提供了典型示范

跨域治理是基层社会治理中常会遇到的问题,如何有效解决跨域治理中的"各扫门前雪""沟通难"等问题,匡堰镇的实践提供了启示。通过完善片区党建联席会议等议事决策机制,按照"大事共议、实事共办、急事共商、难事共解"的议事原则,能有效协调解决片区重大问题,统筹发展事务。如该镇东部片区试行企业消防安全跨村互督互查制度,对邻近的厂房或家庭作坊按风险等级划分"红绿"单元并编号,让片区内企业取长补短、查漏补缺、互鉴互学,打造"责任全覆盖、监管无盲区"的"零距离消防安全圈"。片区统一小微园区建设标准并实行集中管理,2020年,该镇产业小镇小微园被评为省级小微企业园。同时,该镇积极探索片区矛盾调解平台建设,统筹人民调解员力量,完善多元化纠纷调解机制,实现矛盾纠纷及时就地化解。中部片区把4个村分散的志愿者团队整合并入宁波知名警务工作品牌"老励工作室",创设片区"矛盾纠纷点调台",对疑难复杂纠纷,由4个村的调解员共同出面调解,有效实现了跨村矛盾化解。截至目前,跨村联合调解成功率100%。

4. 为推进产业协同发展提供了典型示范

推动乡村产业协同发展需要做到因地制宜、理顺产业链。匡堰镇的实践具有两方面的示范意义:一方面,推进片区村庄组团经营。通过抱团置业、投资入股、闲置盘活等方式,盘活区域内集体资产,统筹特色产业开发,能够切实推动村际合作,优化资源配置,最终发挥"抱团发展"放大效应,增强片区产业整体市场竞争力,实现片区各村共同发展。另一方面,促进片区特色产业发展。通过推进"一片一品"建设,充分挖掘片区村庄产业、自然、人文等资源要素,探索组建产业统一展示、互动、洽谈、运营的平台,形成片区村庄产业项目库,构建片区特色行业全产业链。同时,发展了以龙头企业为引领、农民合作社和家庭农场跟进、广大小农户参与的利益联结紧密的产业化联合体。通过大力发展文化创意、高山康养、户外运动、休闲旅游、红色记忆、观光体验农业等新型业态，培育了具有区域特色的农产品品牌，发展了农村电商产业，促进了一二三产业融合发展。

第四节 富阳区："10 分钟救援"空巢老人安全守护平台大显身手

一、案例概况

随着我国城镇化建设与社会老龄化的步伐加快，空巢独居老人逐年递增，这一群体家中意外受伤、亡故而无人知晓的事件频出，引起社会强烈反响。安全已成为当前空巢独居老人居家养老面临的最大难题。为此，富阳区在全国率先将非接触感知技术引入社会空巢独居老人智慧家居体系建设，自主研发智能安全守护平台，成立分级救援队伍，实现独居老人家中发生意外瞬时感应、10 分钟救援。

二、主要做法

1. 政企合作，试点先行，破解居家安防困境

一是政府指导，企业技术支持。成立空巢独居老人安全守护工作专班，多次对接国内数字化服务供应商，在全国范围内寻找有效解决方案。最终，该区与科技领域研发企业签订跨领域合作协议，由政府指导，企业提供技术支持，运用物联网、大数据、人工智能等数字化技术，自主研发了空巢独居老人安全守护平台，探索形成空巢独居老人居家安全数字化解决方案，不但具备原有方案的全部功能，而且突破了其局限性，实现了以智能传感器为核心，对空巢独居老人的生活环境与健康状态做出灵敏感知和智能反馈。二是试点先行，优先保障困难独居老人。2020 年，该区对全区空巢老人分布情况进行摸底调查，通过对比年龄、收入水平、健康状况等因素，在公租房、廉租房较多，空巢独居老人相对密集且平均收入水平较低的百合社区，选取 100 户困难独居老人家庭作为安全守护试点，免费为其安装前端感应设备，平均每户改造资金 4000 元。因该平台不接触老人、不调看监控画面、意外

预警秒发送，老人接受度高。三是以点带面，逐步推向社会老人。2021年，该项目被列为区级民生实事项目，继续为全区150户分散供养的特困老人提供安装服务。在优先保障政府兜底人员的基础上，向社会老人开放，社会老人可通过向企业购买服务的方式，接受安全平台守护。

2. 科技感知，数字赋能，老人意外实时预警

一是常见家庭遇险场景全覆盖。通过在老人家中安装跌倒监测感应器、燃气泄漏报警器、火灾烟雾报警器、出入感应器、水流量传感器、SOS一键呼救器等前端感应设备，一旦出现跌倒、燃气泄漏、火灾、走失、超24小时未用水等情形，系统会在第一时间预警并自动接警，通过阿里云短信、电话、微信小程序等方式实时通知联系人，基本实现老人常见家庭遇险场景全覆盖。二是针对最常见意外监测有突破。跌倒是老年人最常见的意外，大约有1/3的老年人发生过跌倒，其致死率居老年人意外死亡的首位。该平台最核心的一项功能就是跌倒监测。该区自主研发跌倒感应设备，综合运用热感、红外、分布式等非接触式感知技术来监测跌倒。监测到跌倒事件后，平均2.8秒即能感知并自动发送预警信息。这样的应用在国内养老领域尚属首次。三是救援流程闭环可视。平台对预警处理实时跟踪，循环通知绑定的监护人，直至主动反馈救援结束。整个过程都可以通过手机端的微信小程序获得反馈信息，帮助各级监护人及时处置流程、互相沟通，并准确定位到老人家庭位置。

3. 建立机制，明晰权责，打造长效助老新格局

一是建立快速救援机制。以就近快速为原则，建立分层救援响应机制。明确老人监护人为第一层级救援联系人，对应平台预警处理第一呼叫层级；社区人员（网格员、社区工作人员、物业、党员等）为第二层级救援联系人，对应平台预警处理第二呼叫层级。当某一层级联系人未响应时，系统及时转接呼叫下一层级联系人，确保救援信息不遗漏。二是社会组织兜底救援。通过公益创投等形式，引入具有高空攀爬、开锁、心肺复苏等专业能力的社会组织参与救援，将其列为第三层级联系人。目前接入平台的社会组织提供24小时救援服务，兜底保障意外救援。三个层级从接警到响应用时不超10分钟。三是厘清"政、社、民"三方守护权责。该区民政部门与用户家庭、社区、社会救援组织签订服务协议：明确监护人仍是独居老人第一安全责任人；明确空巢老人安全守护平台作用边界，对救援局限、可能发生状况等方面进行提前说明；明确用户和三个层级救援力量的权利和义务，对设备安装、服务内容，特别是救援费用予以明确。

三、典型意义

1. 推动精细适老服务

空巢老人安全守护平台突破了传统监测手段的局限，在老人隐私得到有效保护的前提下，实现了监测全天候（24小时数据发送）、发现零时差（出现意外实时反馈，无意识也能自动呼救）、预警秒发送（监测到跌倒事件后，平均2.8秒触发平台预警）、无接触监护（无须穿戴，适应老人生活）、永久性续航（民用电即插即用，没有Wifi也可联络）、全流程跟踪（从接警到处理结束的每个流程都实时可查，形成闭环，掌握救援先机）。平台2020年上线至今，已成功监测并处置空巢老人居家意外预警50余起。

2. 量身定制安防场景

空巢老人安全守护平台可自动整理分析接收大数据信息，为老人量身定制安防感应场景。通过数周数据收集，形成老人的活动"画像"，及时发现异常、紧急救援。目前，平台已为100户独居老人智能匹配341个个性化安防感应场景。

3. 延伸应用惠及多方

"智慧养老"作为富阳建设幸福宜居标杆区的重要内容，计划利用3年时间覆盖至全区空巢老人家庭，并延伸应用至留守儿童、残疾人以及有需求的社会老人，大力提升群众的获得感、幸福感、安全感。同时，积极开展线下联动救援体系建设，协同公安、卫健、消防等部门，探索数据共享，跨部门联动救援，真正实现运用信息化手段替代人工安防，做到用更少的人力，开展更精细化的社会治理，推动社会治理向智能化、高水平迈进。

第五节 温岭市:"出生一件事"跨省通办

一、案例概况

温岭市卫生健康局根据数字化改革总体部署,着眼"放管服"改革,围绕数字社会系统全生命周期"婴育"服务改革任务,优化政务服务功能,依托国家政务中台和各级政务服务机构,着力打通业务链条和数据共享堵点,积极推动"出生一件事"跨省通办合作事项,破解流动群众"多地跑""折返跑"等难题,通过减时间、减环节、减材料、减跑动,实现省际部门数据信息互联互通,让群众享有最方便的服务。"出生一件事"跨省通办被列入首批省级卫生健康数字化改革基层创新储备库入库项目,首件浙皖"出生一件事"跨省通办相关信息在健康报、人民资讯、浙江新闻网、浙江凤凰网、台州日报等媒体报道,被健康浙江、台州发布转载。

二、主要做法

1. 坚持需求导向,梳理应用场景

流动人口出生婴儿办理出生医学证明后,后续如需办理新生儿入户、医保参保、社保参保缴费等事项,存在"多地跑"、"多次跑"或"折返跑"的现象。一是群众"多地跑",办理时间长。父母一方必须持出生医学证明返乡办理,办理周期在一两个月不等。二是群众"多次跑",办理材料多。群众至当地派出所办理新生儿入户后,至医疗保障部门办理参保登记,再到人力社保部门办理市民卡等,需在多个部门间来回跑,申请办理材料多。三是群众"折返跑",办理费用高。需在常住地和户籍地之间往返,路程费用高,如果新生儿因病住院,更是无法及时享受医保报销等政策。基于流动人口异地办事实际困难和实质需求,温岭市积极融入长三角跨省合作,主动对接安徽省阜南县,以流动人口"出生一件事"跨省通办为切入点,重塑制度、再造流程，切实提高流动人口的获得感和体验感。

2. 突出多跨协同，设计实现路径

一是明确任务定义。V字模型任务定义"出生一件事"跨省通办集成应用，拆解出出生医学证明、预防接种证、电子健康卡、户口登记、参保登记、医疗保障卡办理、生育保险待遇支付等6项二级任务，进一步细化28项三级任务。二是注重多跨协同。加强跨层级、跨部门、跨业务协同。国家政务中台提供中转平台。省级由浙江、安徽两省卫健委和大数据局协同，负责省际数据联通技术方案。县级由卫健、公安、医疗保障、人力社保等多个部门协同实现一件事通办。三是优化指标体系。6个二级任务共设置指标17项，例如，出生医学证明签发任务梳理出"签发率、满意率、准确率、覆盖率"等4项指标。四是加强数据归集。列出8个数源系统14个数据类别，整合公安、卫健、人社等6个数源单位数据，推动数据多元汇集。五是推动流程再造。打破以往多部门、跨领域断点式申办的传统模式，通过精简办理环节、再造办理流程，将出生医学证明、预防接种证发放等6个环节统一为完整的闭环流程。六是建立集成界面。推进治理端、服务端的一体融合，充分展示和分析6个事项办理时长、办件率、准确率和服务满意度等情况。

3. 坚持改革创新，强化预期成果

该项目由温岭市卫生健康局和安徽省阜南县大数据局共同牵头，以温岭市和阜南县作为先行试点单位，先行先试、总结经验，形成可复制、可推广的经验做法，推广至浙江省和安徽省乃至全国各地。主要预期成效如下：

（1）机制体制创新：打破数据壁垒，充分整合卫健、公安、医保、税务和银行等单位资源，促进联合办理，组团推进"最多跑一次"，建立"出生一件事"跨省通办联办机制，推出"六证联办"服务。同时，部门间实现事项申请材料、新生儿出生信息和身份信息等电子化数据实时流转，通过凭电子扫描件容缺受理、证件制发提前启动、纸质材料后台交换等办事流程，极大地缩短了联办用时。

（2）政策供给集成：对办理政策调整细化，对出生医学证明、预防接种、新生儿落户、医保参保等5个基础事项和生育待遇核准支付1个可选事项的申请材料填报字段逐个梳理、归并和去重，将6张事项申请表整合为1张"出生一件事"集成服务申请表，简化手工填写流程，实现申请材料标准化和"一表通用"。

（3）业务流程重塑：将流动人口"多地跑""多次跑""折返跑"转变为"零次跑"，为特定人群提供精准化、规范化服务，实现"信息共享、一人通办、一次完成"。

三、典型意义

1. 注重创新引领

该项目的改革方向在全国属首创，省内其他地市和部门尚未开展相关的探索实践，不存在多头建设、重复建设现象，在长三角地区乃至全国具有推广价值。

2. 注重共建共享

依托现有"国家政务中台""浙里办""皖事通"三个平台，既节约建设成本，也方便后续在全省推广。

3. 注重实际效果

通过数字赋能、制度重塑，综合集成、高效协同，有效满足群众异地多证一站式联办需求，真正实现"出生一件事"跨省通办马上办、网上办、就近办、一地办，极大提升政府治理效能和服务水平，让群众足不出户享受便捷、优质的服务，不断提升办事群众的满意度和获得感。

第六节　瑞安市：用阳光培训智慧云管理校外培训

一、案例概况

瑞安市深入贯彻中央深改委会议精神和全省数字化改革会议精神，按照"整体智治、高效协同"理念，聚焦校外培训机构排查、整治、取缔和规范4大任务，统筹运用数字化思维和数字化技术，依托一体化智能化公共数据平台，打造"阳光培训"智慧云平台（即"校外培训机构规范监管"场景应用），通过搭建"一库一码一屏一体系一制度"平台架构，形成"4大体系"，构建事前预警、事中事后监管、执法结果公开等全流程应用。通过学费宝、一键找培、阳光备案、阳光开课等场景，对1100余家非学科类培训机构进行全覆盖管理、全生命周期管控，校外培训机构数字化监管应用场景建设取得阶段性成效。

二、主要做法

1. 构建业务协同体系

深入分析监管切入点和着力点，细分拆解校外培训机构治理典型问题，梳理一级任务5个，二级任务32个，三级任务51个，确定问题巡查、整改反馈、联合执法、四色管理、考核评价、资金监管、保险保障、风险预警、举报投诉、机构服务等10大核心任务。在此基础上，明确12个职能部门和23个属地乡镇（街道）及相关基层站所协同关系，设立区域任务指标、行政执法质量、群众满意度、绩效考核评价等指标体系，确保任务落实可量化、可溯源、可评价。

2. 构建数据支撑体系

打破数据孤岛，全面梳理数据需求及数据源部门和业务系统，集成教育、公安、市监、卫健等部门基础数据，同步接入雪亮工程、基层治理四平台等业务数据，构建可视化的全场景基础数据库，有效支撑核心业务。同时平台会显示各个培训机构的行政执法记录的处理进度并反馈给相应部门以及执法人员。

3. 构建执法闭环体系

按照"一件事"理念对传统治理流程进行重构再造、制度重塑，形成"实时监控—风险预警—分类处置—办结反馈—评价监督"全链条闭环监管执法体系，实现感知智能化、态势监测可视化、事件预警可控化、应急处置高效化。比如，通过数据库智能筛查、AI监管及时发出机构资金异动预警、信用预警、人员风险预警等信息，由属地乡镇（街道）在2个工作日内开展现场核查，对存在违法行为的开展限期整改或多部门联合执法，整改完成后第一时间反馈到市培治办，形成全过程闭环流程。

4. 构建界面交互体系

针对主要服务对象和使用群体，建成上线"一屏两端"三大界面，即决策分析指挥屏、治理端、服务端。其中，决策分析指挥屏以重点指标驱动，形成集综合指挥、动态展示、综合应用等功能的综合治理画像；治理端面向职能部门、属地镇街，实现事中事后行政执法的全流程留痕管理；服务端面向培训机构和学生家长，培训机构可通过平台开展信息备案、复工复课申请等业务。依据每个培训机构的行政执法记录和信用情况，形成机构专属"阳光培训码"（白色正常、黄色关注、红色不良、黑色严重），实行机构分级分类监管并设立查询预警。学生家长通过扫描"阳光培训码"可以获取该机构相关信息、政府部门对该机构监管的实时预警信息以及投诉举报。

三、典型意义

1. 牵引培训行业整体智治

构建数据共享协调机制，消除数据壁垒，实现全领域数据归集。平台全轨迹运行产生的数据，通过数据回流、综合分析实现培训机构全生命周期管理，从而破解校外培训"批而未管、管而未达、达而无效"的难题；通过信息公示、合同课程教师信息备案、资金监管、保险保障、投诉举报等场景应用，实现数据可统计、流程可监督、责任可溯源、监管有依据。出台系列制度，重塑监管模式，推动全方位制度变革。制定出台培训机构"四色管理"、部门属地镇街日常监管巡查、培训机构问题清单处理流程、培训机构核查情况反馈、培训机构复工复课、联合执法等6项制度，破解6个部门多头审批、18个部门多头管理的"九龙治水"困局，构建上下贯通、执行有力、运转顺畅的一体化校外培训机构监管格局。

2. 牵引公民办教育互促互进

以数字化手段为引领，进一步整顿治理公办学校在职教师带生办班或在培训机构兼职、入股等违规行为，推动公办学校教师回归校园。同时通过整治一批、规范一批、提升一批，促进教育培训产业规模化、品牌化发展，打造全链条产业生态，推动公办、民办教育互促互进、均衡发展。

3. 牵引儿童友好城市建设

校外教育是培养儿童综合素质的重要途径和实践课堂，探索实施校外教育数字化、智能化建设，对于儿童更好成长、更快发展，助推儿童友好型城市建设，城市可持续发展都具有建设性意义。在技术层面，"阳光培训"智慧云平台具有提供异构系统的可互连与可移植性，不依赖于某一特定的计算机硬件系统和操作系统。平台PC端开发完毕且运行正常后，可正常接入"浙政钉"政务平台，为后续在全省推广打下了坚实的基础。移动端则以微信小程序为载体，用户无须下载，触手可及，极大地降低了开发、运营、推广成本，有利于在全市、全省乃至全国范围内的复制、铺开。

附录　浙江省县域高质量发展地图 V1.0 数字应用场景

为加快数字赋能浙江省县域高质量发展研究工作，浙江省发展规划研究院依托数字智库1.0平台，开发建设了浙江省县域高质量发展地图[1]V1.0数字应用场景，并在"2021年浙江省高质量发展智库论坛"上正式发布。该应用场景服务面向院内研究团队、县市级地方政府，以及从事区域研究的部门和机构，利用数字化技术手段，为开展县域相关的课题研究、规划编制等工作提供数据支撑和决策依据，为高质量发展指数结果呈现数智化、可视化的展示效果。

一、建设目标和原则

浙江省县域高质量发展地图 V1.0 数字应用场景，立足服务于智库研究和政府决策管理，力求达到系统性、准确性、及时性、规范性和实用性，构建具有数据管理、分析评价、地图展示等功能的决策支撑应用，为智库机构和政府部门全面掌握各县（市、区）经济社会高质量发展的主要指标，对县域高质量发展研究和决策提供数字化、体系化、可视化支撑。

浙江省县域高质量发展地图 V1.0 数字应用场景建设遵循以下四个基本原则。

1. 可靠性原则

系统建设以满足业务需求为首要目标，软硬件及信息资源满足可靠性设计要求，采用稳定可靠的成熟技术，保证系统长期安全运行。

2. 先进性原则

技术上立足于长远发展，采用先进的体系结构和技术发展的主流产品，

---

[1] 完整信息请见 https://mp.weixin.qq.com/s/-XZcoB9mSSljgecozxSPbA。

附录 ◎
浙江省县域高质量发展地图 V1.0 数字应用场景

保证整个系统高效运行并具有较高的性能价格比。

3. 安全性原则

遵循有关信息安全标准，具有切实可行的安全保护和保密措施，以及对计算机犯罪和病毒的防范能力，确保数据永久安全。

4. 可扩充原则

按照模块化程度高、适应能力强，用户界面友好的要求开发，充分考虑联网用户增加和业务扩展，为后期扩展搭好框架、留好接口。

二、总体设计

浙江省县域高质量发展地图 V1.0 数字应用场景以数据中台为基础底座，通过数据中台提供数据服务能力、数据模型建设能力、评价模型运算能力，结合 GIS、BI 可视化等技术，赋能高质量发展场景建设。总体设计分为基础设施体系、数据资源体系、应用支撑体系和业务应用体系（图 A-1）。

1. 基础设施体系

本场景是基于政务"一朵云"，依托电子政务网开展建设。

2. 数据资源体系

数据资源依托于数据中台，建立指标、案例等数据仓。指标仓为每年评价指标收集的基础数据；案例仓为每年各县（市、区）提交的高质量发展案例，包括案例文本、案例图片、案例视频等。

3. 应用支撑体系

应用支撑包括统一的用户平台、地理空间组件、数据中台的赋能。用户平台主要是统一的用户认证、用户管理以及权限角色的分配。地理空间组件主要是统一的空间图层管理、地图服务的发布与展示。数据中台赋能主要是提供场景需要的数据资源服务、模型管理。模型管理包括新建算法模型、模型的运行以及模型的查看。

4. 业务应用体系

业务应用包括信息管理、分析评价和县域高质量发展地图。信息管理主要是对浙江省全省县（市、区）的人口、面积、生产总值、县域主要领导等基本信息进行采集、修改、查询，以及县域高质量发展案例的上传、查询等。分析评价包括指数评价、结果分析。指数评价主要是基于数据中台的数据服务、数据模型，对各县（市、区）进行自动评价计算。结果分析是对指数评价的结果进行多维度分析展示，为县域高质量发展报告的编制提供支撑。县域高质量发展地图是基于指数评价的结果，利用GIS、BI可视化等技术，为县域高质量发展论坛提供一屏感知的"驾驶舱"。

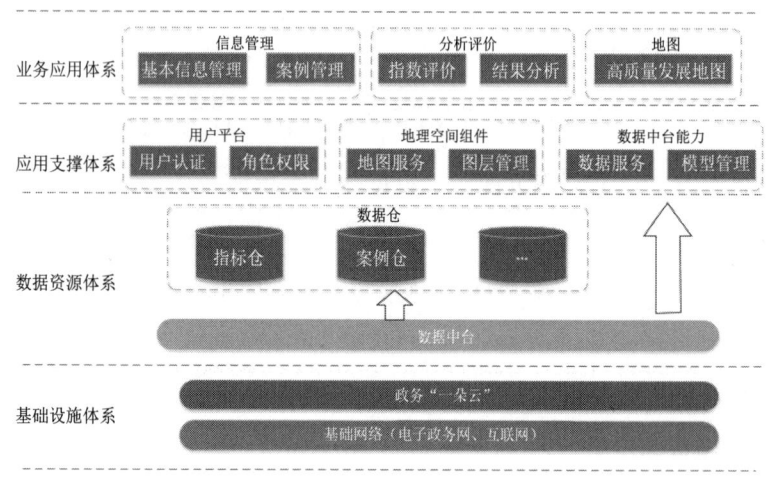

图A-1 总体设计图

三、功能模块

浙江省县域高质量发展地图V1.0数字应用场景主要分为信息管理、分析评价、高质量地图三个功能模块（图A-2）。其中，信息管理模块展现了各县（市、区）基本信息及创新案例申报情况等。分析评价模块依托县域高质量指标体系，形成一个总指数和六个分指数对县域高质量发展进行分析评价，并输出多种可视化图表。高质量地图模块成为浙江高端智库县域研究领域的首发数字化产品，主要为浙江省高质量智库论坛、各县市级地方政府以及从事区域研究的部门和机构服务，分为县域高质量发展总指数界面、分指数界面和案例界面，为全省县域高质量发展情况进行画像。

附录 ◎
浙江省县域高质量发展地图 V1.0 数字应用场景

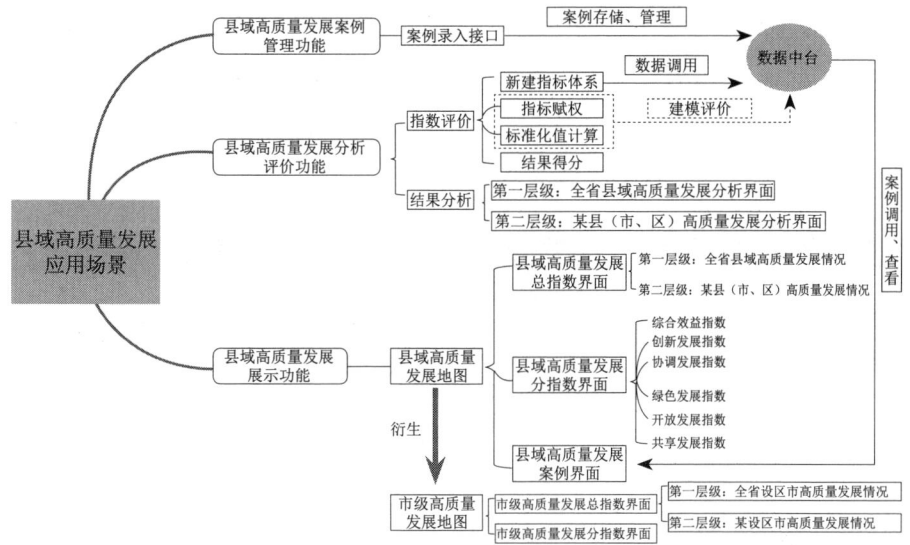

图A-2　县域高质量发展应用场景思维导图

1. 信息管理模块

信息管理模块包括评价单元的基本管理和案例信息管理两项功能。其中，基本信息管理功能，包括录入和查看各县（市、区）人口、面积、生产总值、领导成员等基本信息（图 A-3）；案例信息管理功能，包括录入县域高质量专题案例，存储在数据中台进行统一管理，需要时调用查看，提供案例上传、查看和下载功能。

图A-3　基本信息管理界面

2. 分析评价模块

分析评价评估模块（图A-4）通过建立县域高质量发展指标体系，建立县域高质量发展指数评价模型，形成可视化的县域高质量指数结果，为县域高质量发展分析研究提供支撑。具体包括以下三项功能。

图A-4 分析评价界面

（1）指标体系设计功能。指标体系设计是开展县域高质量发展指数评价的基础，目前，高质量发展指标体系由6大类33个指标构成。考虑到未来的县域高质量发展评价研究过程中，指标体系可能会不断优化迭代，因此评价时可新建指标体系，也可调用系统内已有的指标体系。新建指标体系采用自定义方式输入一级、二级指标，设计完成后可以保留在系统中，并对每个指标的权重和属性进行设置。其中，指标权重为0～1之间常量，所有二级指标权重之和为1，指标属性分为正向指标和逆向指标两类。正向指标指具有向上或向前发展和增长特征的指标，比如人均收入指标、科技创新指标等，这类指标值越大评价越好。逆向指标指具有控制增长或约束性的指标，比如污染物排放量、资源消耗类指标，这类指标值越小评价越好。调用已有指标体系，通过选择需要的指标体系名称调用保存在系统中的指标体系。

（2）指标赋值计算功能。执行该功能分为三个步骤：一是对设计好的指标表中的各项指标进行赋值，通过与数字智库数据中台联动，调用选定年份和区域的各项指标数值,如中台数据库中没有数值,需要手工录入后再赋值。二是对指标数据进行标准化计算,其中正向指标标准化值=(实际值-最小值)/极差;逆向指标标准化值=(最大值-实际值)/极差,极差=最大值-最小值。三是计算县域高质量发展指数,测算全省各县(市、区)的县域高质量发展总指数和综合质量效益、创新发展、协调发展、绿色发展、开放发展、共享发展六项分指数,综合指数=(综合评分/100)×40+60;分项指数=(分项评分/分项指数权重)×40+60,经过以上处理,所有指标均为正,并且取值范围在[60,100]。

(3)分析评价结果展示功能。该功能分为两个界面:一是全省各县(市、区)总体评价结果展示,包括各县(市、区)的总指数评价得分和排名情况,提供分层设色图展示和表格形式展示,同时展示县域高质量发展总指数排名前30强在各设区市中的分布情况。二是每个县(市、区)高质量发展结果展示,包括横向和纵向两种展示方式,横向上对当年该县(市、区)总指数的得分、排名和各项分指数的排名,以及分指数的指标名称及排名情况进行展示;纵向上对该县(市、区)近几年的县域高质量总指数的得分、排名和各项分指数的排名情况进行对比展示(雷达图)。

3. 高质量地图模块

高质量地图模块是根据县(市、区)各项高质量发展分析评价结果,对全省县域高质量发展情况进行画像,形成县域高质量发展地图(V1.0)(附图6)。该模块包括县域高质量发展总指数、分指数和案例三个界面。

(1)县域高质量发展总指数界面。总指数界面可展示全省各县(市、区)总指数的得分情况(采用分层设色地图展示)、各县(市、区)总指数的排名情况、县域高质量创新案例申报情况(采用图片轮播形式展示)。点击总指数地图上的县(市、区)底图轮廓,可展示某县(市、区)高质量发展情况,包括该县(市、区)的面积、人口、生产总值、党政主要领导等基本情况数据,以及高质量发展总指数和各项分指数的得分及排名情况(采用雷达图形式展示)。

（2）县域高质量发展分指数界面。包括综合质量效益、创新发展、协同发展、绿色发展、开放发展、共享发展六个分指数界面，展示各县（市、区）的各项分指数的得分情况（采用分层设色地图展示）、分指数的排名情况和案例信息。

（3）县域高质量发展案例界面。主要展示各县（市、区）县域高质量发展案例的基本信息，包括简要文字介绍（案例概况、主要做法、典型意义）、图片、视频等（图 A-5），案例信息支持全文浏览和下载。

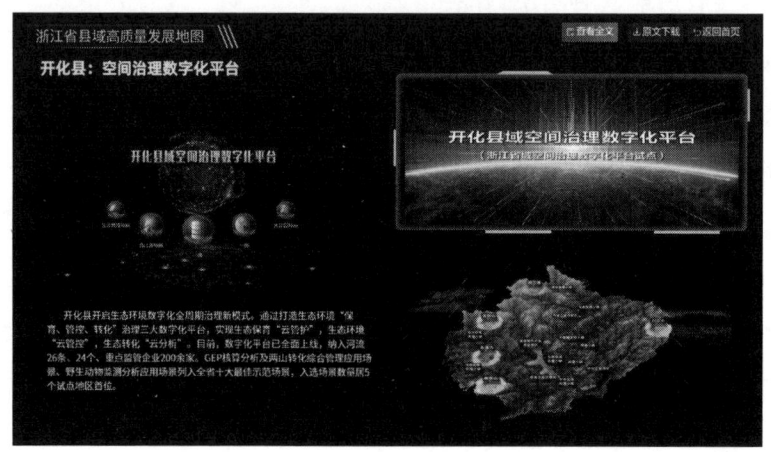

图 A-5　案例界面

四、运行维护

随着数据的不断更新、用户需求的不断变化和计算机技术的不断进步，需要对应用场景进行有计划有组织的更新和维护。浙江省县域高质量发展地图 1.0 应用场景的维护主要包括数据维护、程序维护、代码维护三个方面。

1. 数据维护

数据维护是系统维护的关键，是系统运行维护中工作量最大的一项工作。数据维护主要分需求变化更新维护和监测定期更新维护两个方面。一方面是根据用户功能需求变化，增加新的数据集或者改变原有数据集结构；另一方面主要是根据监测要求定期录入相关数据和定期督促市县和企业相关数据的上传并检查上传数据的质量。此外，数据的备份与恢复等也是数据维护的工作内容。

2. 应用程序维护

系统运行过程中，由于用户需求变化，需要对系统业务逻辑进行调整或者对分析模型进行调整，并对系统程序进行修改和调整，满足用户在使用过程中提出的新的功能及性能要求。

3. 代码维护

随着系统应用范围的扩大和应用环境的变化，系统中的各种代码都需要进行一定程度的增加、修改、删除，以及设置新的代码。

后　记

本书由浙江省发展规划研究院（浙江区域高质量发展战略研究中心）组织编写。院党组书记、院长周华富亲自统筹部署，对本书的框架结构、主要内容进行总体把关，院领导傅金龙、浙江区域高质量发展战略研究中心执行主任朱李鸣牵头组织，院内由经济所主办，区域所、城镇所、基础所、产业所、能环所、社会所、智库部等部门协同参与，办公室、战略所、机关党委等部门给予了大力支持。

本书的执笔分工是：第一章，马欣雅、于蕾、王冰鉴、林烨、郭明月、杨玉玲、梅子傲；第二章，俞廷昂；第三章，马欣雅、林烨、王冰鉴、梅子傲；第四章，俞翔、周哲伟、周雪；第五章，周洲、张薇、王雨璇；第六章，高铁；第七章，马欣雅、张晋、郭明月、林烨；第八章，李杨；第九章至第十三章为县域案例材料汇编；附录，王晟。

在本书编写过程中，我们得到了浙江省委宣传部、浙江省社会科学联合会、浙江日报报业集团，省内智库机构，有关县（市、区）党委、政府和社科联，以及中国市场出版社的大力支持，在此一并表示衷心感谢！